一本书读通
营销学

翟文明 编译

THE MARKETING BOOK

光明日报出版社

图书在版编目（CIP）数据

一本书读通营销学 / 翟文明编译 . -- 北京：光明日报出版社，2011.6

（2025.4 重印）

ISBN 978-7-5112-1135-4

Ⅰ.①—… Ⅱ.①翟… Ⅲ.①市场营销学 Ⅳ.① F713.50

中国国家版本馆 CIP 数据核字 (2011) 第 066308 号

一本书读通营销学

YIBEN SHU DUTONG YINGXIAO XUE

编　　译：翟文明

责任编辑：温　梦　钟祥瑜　　　　　　责任校对：华　胜

封面设计：玥婷设计　　　　　　　　　责任印制：曹　净

出版发行：光明日报出版社

地　　址：北京市西城区永安路 106 号，100050

电　　话：010-63169890（咨询），010-63131930（邮购）

传　　真：010-63131930

网　　址：http://book.gmw.cn

E - mail：gmrbcbs@gmw.cn

法律顾问：北京市兰台律师事务所龚柳方律师

印　　刷：三河市嵩川印刷有限公司

装　　订：三河市嵩川印刷有限公司

本书如有破损、缺页、装订错误，请与本社联系调换，电话：010-63131930

开　　本：170mm×240mm

字　　数：220 千字　　　　　　　　　印　张：15

版　　次：2011 年 6 月第 1 版　　　　印　次：2025 年 4 月第 4 次印刷

书　　号：ISBN 978-7-5112-1135-4-02

定　　价：49.80 元

序言 preface

在商业领域里，市场营销学是一门最具有综合性的学科，在将尽30年的时间里，《美国营销书籍书摘》中收录了大量不同的观点、概念、框架和指导方针，并一直致力于向繁忙的读者们提供商业书籍摘要。本书收录的是最具有趣味性和影响力的营销书的介绍和摘要。这些书籍的作者都是市场营销的专家：包括顾问、学者和作家。在过去的25年里，这些作者在市场营销领域提出了很多新的观点。其中一些作家的名字如杰克·特劳特、菲利普·科特勒和默里·拉斐尔，可谓耳熟能详；其他作者可能有些陌生，但是他们的观点却颇有见地。总之，我们收录的这些书籍不是看其销量，而是因为这些书的确发展和挑战了现有的市场营销理论和实践。

本书收录的都是世界一流的经济学家或营销大师的代表作，其中杰克·特劳特和史蒂夫·里夫金合著的《差异化或死亡》一书，研究了公司如何使自己的产品在激烈的竞争中脱颖而出。菲利普·科特勒和费尔南多·特里亚斯·德贝斯在他们的同名书《水平营销》中介绍了水平营销的概念，从而帮助公司避免在研发新产品时落入分割现有市场而非发展新市场的困境。

随后，本书集中于与客户的联系上。在《关系营销》一书中，里吉斯·麦克纳第一个描述了市场营销等式中变化的客户作用。约翰尼·K·约翰松和几次郎野中在《日不落营销》一书中介绍了日本营销家对于市场调查的新奇观点。

默里·拉斐尔和尼尔·拉斐尔根据自己的经验创作了《登上忠诚的阶梯》一书，其中介绍了一名商人如何使顾客成为公司产品的忠实用户。

结尾的几部书讨论了 21 世纪市场营销面临的问题和挑战。

本书收录了过去 20 年里出版的营销书籍的精髓思想。因为这些书摘按照原始出版的版本进行缩写，你将注意到过去一些案例中所犯的时代性错误。这些重要的教训对我们现在的营销是一种明鉴。不论你是当地零售商还是跨国制造者，不论你雇用多少个员工，也不论你的公司何时成立，你的营销等式都包括相同的两个变量：你的产品和服务以及你的顾客。因为这个基本等式普遍应用于所有的生意，我们相信书摘所阐述的精髓会给你的工作带来帮助。

目录 contents

　　本书中，杰弗瑞·摩尔认为高科技产品需要有自己的市场营销策略——牛奶和其他非技术产品或服务所采用的市场营销策略对高科技产品来说丝毫不起作用。原因是高科技产品的购买周期。具体而言，新的高科技产品通常被摩尔称之为"最先使用者"的人（early adopter）购买，这些人一般是渴望新产品的高科技迷。

　　《打造顶尖企业的12项原则》一书详细介绍了发展数字战略的基本步骤。数字战略已经为广大营销者接受和利用，如调用市场资源、创造价值共享、发布信息和利用信息获取财富。该书作者引用的案例不仅包括普通的美国公司，还包括诸如德国联合VEBA AG集团、比利时石油和巴克莱银行等大型企业集团。

　　本田、通用电气、哈雷－戴维森、利维牛仔裤，这些只是《胜算——用智慧击垮竞争对手》中众多知名公司的一部分。你将会在本书中读到许多知名公司之间的竞争：诸如几维鸟国际航空公司与美国航空公司，哈莱尔的清洁配方409与宝洁，哈德瓦五金公司与家得宝家居连锁店。

　　齐曼在《先革新，再谈创新》里谈到了新可口可乐这个问题。他和可口可乐公司在尝试新可口可乐这个问题上的主要错误在于，在不需要创新的时候进行创新。既然顾客没有不满意可口可乐的口味，那为什么要改变呢？另一方面，这并不说明一家公司应该在自己的桂冠上沉睡——不要过于关注创新，但需要关注进一步发展自己的成功之处。

扫码获取
更多资源

《销售圣经》

[美] 杰弗里·吉特莫　著

◎ 简 介

杰弗里·吉特莫，当之无愧的销售天才。积极乐观且幽默的性格魅力与其 30 年来在销售领域的亲身经历，使得他成为一个智慧而富有人气的销售艺术大师。

尽管杰弗里·吉特莫强调销售是一门严谨的科学而不是艺术，但他所极力宣扬的诚恳笃实的销售态度、机智灵活的应变方式、巧夺天工的语言技巧，无一不堪称销售世界的经典艺术。

1992 年，身为普利策奖得主和报纸出版人的马克·埃思里奇决定：支持他的好友杰弗里·吉特莫在《夏洛特商报》上开设栏目《销售方略》，让他将自己新颖而有效的销售理论通过栏目进行推广。自此，杰弗里·吉特莫在销售领域声名鹊起。《销售方略》专栏很快就被推广到达拉斯、亚特兰大、普林斯顿等著名商业城市，在规模宏大的销售队伍中掀起了争相学习的狂潮。

随着进一步的实践和总结，杰弗里·吉特莫在销售领域的造诣愈加完备和深厚。他非凡的销售能力，使得可口可乐、西门子、希尔顿、先达等蜚声世界的国际公司也经常邀请他主持销售会议和演讲，对公司的员工进行有创意的项目培训。他所主持的专栏《销售方略》也在美国和欧洲的 85 家商业报纸同步登载，每周的读者达到 350 多万人。

依据自己 30 多年来在销售和销售咨询两方面积累的实践经验，杰弗里·吉特莫从 1993 年 8 月开始昼夜奋战，策划出书。在几位朋友的帮助下，他在北卡罗来纳的海滨山区和南卡罗来纳的希尔顿海德岛各苦战一个星期，花了 700 多个小时完成这本营销学巨著——《销售圣经》。

这是一套全新的销售理论，它将指给你一条通向理想目标的正确路径，教会你如何拥有独特的创意、奇妙的思想和高超的技巧，使你免于碰壁，让你的销售能力迅速提高，赢得顾客的忠诚。

《销售圣经》诞生已经进入第二个 10 年，但它始终是每个销售人员必备的宝典，也是销售人员最应该拥有的书籍之一。精彩的案例分析、幽默的工作方式、细微的情景处理不断地影响和改变着管理、销售人员的职业观念，为千百万销售人员提高业绩立下了汗马功劳。

◎ 原书目录

◎ 思想精华

著名销售大师杰弗里·吉特莫的精华思想概括如下。

* 规则、秘密、乐趣。对于一个合格的销售人员，诚恳、勤奋、自信、好学和容忍是最基本的秉性。突破自己身上的种种性格缺陷（自己给自己套上的精神枷锁），是做好销售工作的先决条件。把销售当作一门科学，培养自己专业的销售精神！

* 准备好让潜在客户惊呼。专而全的产品知识、精心的个人设计、自信的心理状态、机智的场景应变、对客户高度的洞察力、准确而有力度的语言，这些都能使你在庞大的销售人员队伍中脱颖而出。

* 请允许自我介绍。简明、扼要、强势、有趣地进行自我推荐。努力增加与顾客的信息互动。刺激潜在顾客的思考，获得顾客的信息反馈。谦恭、大方、委婉和幽默地进行陌生拜访。

＊作一次精彩的产品介绍。建立良好的互相信任的带有很强感情色彩的关系。

＊拒绝、成交和跟进……获得"是"。微笑着接受拒绝，洞察拒绝的真正原因。投其所好，对症下药，步步为营向成交靠近。灵活机智地应用销售工具。

＊叹息和敌人。以诚恳的态度稳中求胜，向顾客多维度地展示你是完全值得他信赖的人。在竞争对手面前，永远保持一颗冷静的心（不能中伤对手，要去了解他、警惕他）。

＊国王万岁：顾客。你必须用100%服务精神服务于你的顾客（是具体的行动，比如你可以在1小时之内让顾客的投诉得到完美的答复）。如果你彻底征服了一个客户，那你就获得了一个不错的潜在顾客群。

＊福音书。销售会议上的精神补充、有效的销售信件、认真地倾听和观察，能使你获得意外的收获。

＊网络建立……通过协会获得成功。鼓起勇气，为自己拓展一个良好的关系网，它将成为你销售事业走向成功的助推器。

＊先知和利润。告诉你一个成功的销售行业领导者必须具备的素质（非凡的勇气、开放的思维、以身作则的作风等）。新型的销售人员，首先应该有专业而丰富的产品知识；其次是能够帮助顾客有效地购买东西，而不是卖给顾客东西。

＊提高你的收入。努力转动自己身上的每一个火力点（态度、知识、目标、交际、洞察力、勇气和毅力），向更大的潜在顾客群发起总攻。

＊我能否听到一声"阿门"。怀抱一颗平和的心。生活中不停抱怨的并不是我们所面临的真正困难。

◎ 核心内容

1. 规则、秘密、乐趣

规则记

有一句古话叫作"一失足成千古恨"，这充分说明失败从开始就埋下了一粒恶劣的种子。同理可知，成功也是一样的。没有一个远离失败的开端，就必然不能有一个理想的结果。

如果你想成为销售行业中成功的典范，如果你想让自己的人生价值在销售领域中得到实现，就必须明白什么才是值得你真正遵循的法则。

（1）持之以恒，相信自己（积极、自信、坚持）。

（2）学而不倦，付诸实践（掌握全面的知识且学以致用）。

（3）察言观色，观其所需（倾听、观察，了解顾客所需）。

（4）万事俱备，才借东风（做了充分的准备，才去接触潜在顾客）。

（5）心之所诚，动之以情（以诚恳的心态去帮助顾客，而不是只为佣金和提成）。

（6）巧言妙语，趣味横生（好的谈话技巧，会有意想不到的收获）。

（7）力射全局，柳暗花明（关注有力度的问题，获得新的顾客信息）。

（8）一击千里，天道酬勤（顽强地跟进，是走向成交的关键）。

（9）一言既出，驷马难追（言出必行，提供完美的客户服务）。

（10）大将风范，众望所归（不能中伤竞争对手，要赢得顾客满意，因为他可以带来新的客源）。

秘密记

美好的生活从美好的梦想开始，不敢想象和做梦的人是没有未来的。然而，只会梦想的人也注定会失败。在理想与现实之间，只有通过不懈的奋斗去探索、去发现、去挣扎，才能找到那座神奇的桥梁、获得财富和荣誉。如果作为销售人员的你也这么认为，那么请谨记其中的奥妙。

（1）想你所想，必能成真（坚定的信心是成功的一半，写一份个人宣言并坚决执行）。

（2）你并不需要凡·高（法国杰出的印象派画家）般的天才（销售是一项完全可以通过学习掌握的本领）。

（3）把自己顾虑的不利因素都当作是懦弱的借口（去掉头脑中的精神枷锁，将注意力集中在问题的关键点上——停止你的抱怨，对顾客多做了解，直到获得答案）。

（4）明白顾客所需（诚恳的态度，良好的职业道德，优秀的产品，助人为乐的热情，尊重人格，兑现承诺）。

（5）寻找成交的热键（令顾客最为触动的关键点——需要你的观察和推理才能获得）。

（6）最好的销售不是产品和金钱的交易，而是信任和友谊。

（7）让顾客喜欢你（你的产品和人格），一个老顾客就代表着会有很多新顾客。

（8）"擒贼先擒王"，抓住核心人物（最好的销售方法从 CEO 开始，直接给他感兴趣的信息）。

乐趣记

幽默是一种非常棒的生活习惯，是人与人之间的润滑剂，它可以使你在很多未知情况下避免被拒绝，少一些尴尬。

如果在销售过程中，你能让心存戒备的顾客笑逐颜开，那你就有能力让他们购买你的产品。

（1）开场的幽默能给大家营造一种愉快的气氛。

（2）注意对象和时机（不是每个人都喜欢笑声，巧妙地插入）。

（3）避开顾客的忌讳（有人忌讳宗教或者政治话题）。

（4）幽默能把更多的问题变成成交的机会。如果你的幽默巧妙而得当，那么成交的机会会增加很多。

2. 准备好让潜在客户惊呼

惊呼记

在浩浩荡荡的销售人员队伍中，你能否成功立足，能否赢得广大的顾客和荣誉，完全取决于你是否具备脱颖而出的能力。

（1）态度（积极、充分准备、守诺、诚恳）。

（2）性格（耐心、细心、勤快、开朗、大方、大胆、尽可能地幽默）。

（3）销售精神（顽强、创新、吸引力、技巧、学识、慧眼）。

只有逐项制订细致的计划，坚决贯彻于行动，才能促使自己的整体实力在同行中鹤立鸡群。

问题记

提问，是你和顾客交流的关键。如果你处在较为被动的位置，一个有效的问题就象征着一次有利的转机。

（1）根据预想，事先设计问题、预备答案。

（2）问题应该是开放性的，类似两难推理（不能用"是"或"不是"回答，而是需要陈述）。

（3）循序渐进。

（4）问题需要有力度，简单明了（不能让顾客感到啰嗦和厌烦）。

（5）刺激顾客的思维转变（让他考虑接受新的事物）。

（6）激起顾客的回忆（没有会厌恶自己的听众，而且可以获得顾客更多的信息）。

（7）避免陈旧、俗套的问题（耳目一新的感觉更具吸引力）。

（8）向顾客的工作状况转移，逐渐切入正题。

得力的问题可以迅速地拉近与顾客之间的关系，从而察觉顾客的实际需求，为自己进一步的销售奠定良好的基础。还等什么？用你的心去销售吧！

力量记

让顾客行动，你才能卖出你的东西。如果他觉察不到你的产品和服务具有出众、可信、明了、经济等优势，又怎么会有成交的兴趣呢？所以，你必须激励他、说服他。

（1）强调产品能给他们带来什么，而不是句句不离产品本身（如果你卖汽车，就强调它的尊贵、安全、舒适）。

（2）站在顾客使用的角度（这样才能给他们信心和踏实感）。

（3）一个有力的陈述（强调他们所需要的你都能给）。

影响和引导顾客的思维倾向，设计有力的提问，你就会有一种无形的力量，进而留住顾客。

3. 请允许自我介绍

拜访记

自我介绍的实质就是推销自己。聪明地向别人推销自己，发布自己的信息，可以给自己带来一个广阔的演绎天地（销售人员最为需要）。

（1）他人介绍，首次见面。简明扼要地告诉他（或她）你是谁、在哪里工作、做什么（但这个过程需要有创意）。

你给他的问题，不能只用"是"或"不是"就可以回答，用探究性的问题刺激他的思考，从而获得一些他的信息。

弄清他的需要之前，不必暴露自己的真实意图。

展示你的干练、果断等优点（第一印象尤为重要）。

（2）自我引荐。完成一张出色的自我推荐表（要求简短扼要、富有创意、了解对方信息、引发对方思考、展示优势），需要 25 次以上的实际运用。

恰当的递送方法。

稳步推进与顾客的关系（巧妙地联系和跟进、设计单独的会见等）。

如果有一个介绍人，你与潜在顾客的沟通会更加有效。

（3）陌生拜访。只有学会绕过障碍（某些场合标示的"谢绝推销"、进入大楼时保安的阻止等情况）才能离目标更近一些。

找到决策者（只有这样，才能使你的销售工作切入正题）。

开场白非常重要（让大家在轻松中开始，但你的问题必须有力度）。

对自己强调拜访只是为了享受乐趣（让自己不附带任何压力，有置之死地而后生的感觉）。

委婉地让对方意识到你可以帮助他做些什么（任务真正开始）。

4. 作一次精彩的产品介绍

介绍记

销售人员们简单而机械地复述，是一种很差劲的介绍方式。试想，如果有两个人，一个是你信赖的朋友而另一个是陌生人，他们分别给你阐述同一件事情，你的理解和好心情会更倾向于哪一个呢？当然是前者。相同的道理，在潜在顾客之间加上友谊的色彩，会给你的介绍增添更多的方便和趣味。

（1）幽默的开始（这不是每一个人都能天生拥有的资质，所以应该慎用或者因人而异）。

（2）人们都有喜欢谈论自己的偏好，所以你必须注意倾听（察言观色，这样才有可能拉近你与顾客的关系）。

（3）让顾客感觉到你对他很了解（这完全取决于你先前的准备）。

（4）态度要友好、真诚，找寻大家共同喜好的话题，避免销售台词（给顾客制造一个乐于谈话的心情）。

除此之外，让消费者拥有信心（对自己、对销售人员、对产品等）才是迈向成交至关重要的一步棋。请你注意以下几点：

（1）要让顾客对你很有信心，首先是给自己十足的信心（对自己、对产品）。

（2）清楚回答潜在顾客的每一个问题（关于产品的、关于公司的），显示你过硬的专业素养。

（3）举出一个对自己满意的老顾客的名字（潜在顾客所熟悉的）或者其他的第三方（满意顾客的名单）为证。

（4）不中伤或者贬低竞争对手（这点可以显示你的职业道德水准）。

（5）沉着，稳重（谁都不喜欢毛毛躁躁的人）。

（6）完备的书面材料（这样显得比较专业和正式）。

（7）关注顾客的顾虑，让他感觉你是在帮他，并不是看中了他兜里的钞票。

（8）留一点重头戏在后面（这在顾客最矛盾的时刻，显得尤为管用）。

如果你的销售对象是一个团体，则应附加几点：

①扩大交流面（尽量多认识在场的人）。

②事先掌握这个团体的基本情况（包括它的历史、成员和最大的优势、劣势等）。

③突击核心人物（只有与权力人物沟通，才有实际性的效果）。

④创造互动（给他们主人翁的感觉）。

⑤动用智能化的辅助工具（不能否认，电脑的演示比起你的说辞，更为有效）。

⑥整体的会场气氛尤为重要（激发顾客团队里的活跃因素）。事实证明，一个好的开始就是成功的一半。

5. 拒绝、成交和跟进……获得"是"

拒绝记

人跟人之间以及物与物之间的差别，决定了世界上没有100%的默契。并不是你想要的就是我能给的，也不是我想买的价格恰是你想卖的价格，所以拒绝和讨价还价是不可避免的。作为推销自己产品的销售人员，被拒绝的情况丝毫不能幸免。但做出积极的预防未必不是一件好事。

（1）预测每一个客户可能的拒绝，设计对应的答案。

（2）准备有一定吸引力的辅助工具支持你。

（3）与伙伴交流经验，事先演练。

（4）争取一个老顾客的有力推荐。

（5）在最大可能范围内，给顾客一个试验的机会。

然而，当你精心的准备和满腔激动地说辞依然在顾客那里碰壁时，你又该如何度过此关、化险为夷呢？

（1）事实上，真正的拒绝很少，每一个拒绝的背后，都有顾客们自己的原因。

（2）保持镇定，他可能只是拒绝你的说辞，并不是真正拒绝你和你的产品。

（3）通过初步的交流捕捉顾客拒绝的真正原因，如同医生给病人看病要找出病源所在一样。

（4）反思自己是否在哪个环节出了错（没有自信、缺少专业化知识、缺乏可靠的辅助工具等等）。

（5）找出顾客顾虑的实际问题，并努力帮助他解决。

（6）如果你的产品他真的需要，那就向他证明选择这个产品是没错的（说服他忘掉价格、作同类对比）。

（7）向他提出假设成交的有关问题，并进一步解决。

（8）交易成功后，给顾客一个足以让他信赖的承诺（书面材料，留下公司电话和你的个人电话，征询送货时间、地点和要求）。

虽然此类技巧会在适当的时候助你一臂之力，但销售的最高境界其实就是没有技巧。敞开心胸，就当顾客只是生活中认识、结交的新朋友，通过建立良好的信任关系来人性化地达成生意。

成交记

大多数事情发生之前都会有一种征兆，销售也不例外。走向成交的第一步，就是销售人员要学会识别顾客的购买信息。

（1）如果顾客问及货物的问题（有无新货、交货方式等），你就要注意顾客是需要这个东西的。

（2）如果涉及产品的价格问题，就证明顾客正在考虑自己的经济承受能力。

（3）如果提及公司和你的个人问题，就表明他还没有对你完全信任。

（4）如果问及产品的专业特性或者质量问题，请注意，你述说的态度一定要客观（几乎没有一件产品可以说是完美的）。

（5）如果是询问以前的销售情况和老顾客的反应，你就得机智地向他证明（比如，老顾客的来信）你的产品不错。

（6）如果与你聊起关于售后服务的话题，你就应该知道他需要一个可靠的承诺。

注意：自然地将你的销售目的贯穿于谈话之中，不能显山露水，否则顾客会认为你不实在。

跟进记

如同一场战争的末期，如果没有尾随追击，你就不能大获全胜。销售人员如果没有一套有组织的跟进系统，就无法做成一笔生意。

（1）确定顾客的信息（设置联系方式、备忘录）。

（2）设计自己的跟进方式（信件、下次拜访、熟人推荐等）和跟进工具等。

（3）创造机会，邀请潜在顾客参观你的公司或者一起参加音乐会等。

（4）适可而止，以免贴得太紧，使他心生厌烦。

（5）利用一些与顾客有关的东西，提高你在他的视线里出现的频率（送给他一些有用的资料，请他参加一个很有意义的商务活动等等）。

（6）如果是电话或者信件联系，需懂得给对方设置一点小悬念（给他说一个他感兴趣的问题，但是保留重点）。

记住：在这个过程中离不开的，是你的大胆、耐心和坚持。

6. 叹息和敌人

悲叹记

市场瞬息万变，指的就是市场的不确定性。销售作为一种经济手段，同样也必须面对顾客的不确定性。如何应付这种不确定性呢？这就要求销售人员必须拥有足够的冷静和客观。否则，就像很多自以为是的销售人员，在销售过程中实际上一窍不通一样。

（1）没有事先的精心计划，随意进行销售活动。

（2）懒惰、没有强烈的意愿和对销售成功的渴望，也没有掌握全面的产品知识。

（3）一旦受到顾客的冷落或者拒绝就不知所措，不能随机应变。

（4）缺乏积极的态度和忍耐力，以为销售只是一个瞬间的交易动作。

（5）呆板和冷漠，使得顾客与之无法轻松相处。

（6）关键时刻不愿接受他人帮助，让自己孤立无援。

（7）错置顾客的位置，以为自己是绝对的被动者，把销售当作是对顾客的祈求。

（8）急于求成，只想赶紧做成一笔生意，使得顾客心生疑虑。

（9）隐瞒或者欺骗顾客，提供不能满足对方需求的产品。

（10）轻浮的态度使顾客觉得得不到应有的尊重。

（11）缺乏为顾客服务的真诚，脑袋中只琢磨着提成和佣金。

（12）以为偶尔的送货迟到或服务粗心是可以原谅的。

如果是因为你没有尽力或者粗心大意而造成自己销售的失败，那么你必须为此付出代价和承担责任。

竞争记

市场是有限的，所以竞争是必须且激烈的。要在市场上保住自己的地盘，唯一的方式就是在激烈的竞争中胜过自己的竞争对手。即使共存，竞争也不能避免。这就是市场的残酷性。

（1）比较自己与竞争对手在市场中的实力和地位，客观分析各自的优劣势。

（2）弄清自己与竞争对手的生意对象有无现存冲突，是他销售的触角伸到你的客户跟前，还是你销售的触角伸到了他的客户跟前。

（3）如果你是销售领导，提防对手挖走自己的员工。

（4）掌握对手的销售状况和基本的信息（对员工的要求、产品价格、公司的销售目标等）。

（5）时刻关注对手，学习他们的优势，突击他们的劣势。

（6）尊重对手，保持良好的职业道德和专业素养。培养自己的软实力。

良性的竞争，是学习、是全力以赴，是在某一件事情上比别人做得更好，是促使大家共同进步的一种强大动力，而不是斗争、诋毁和消灭。

7. 顾客万岁

客服记

尽管你已经成功地做成了一笔生意，但是请不要得意忘形——某种程度上说，一件产品的售后服务比一件产品本身的商业价值更大。现代人更多讲究的是享受你优良的服务，而不只是产品的卓越性能。

有调查显示，顾客的愤愤不平更多的是因为他们的权益得不到销售人员的真诚维护。比如说：在销售产品的过程中，销售人员对顾客有欺骗或者隐瞒的行为；对顾客的质疑和不满有置之不理的行为；销售人员有时不能信守承诺。

要知道，一个满意的顾客所做的正面宣传只不过是一个愤怒的顾客所做的负面宣传的 1/20 左右。所以，为了你的销售业绩保持良好的势头，你必须掌握完美的客服秘诀。

（1）如果你是销售公司的领导，那你必须为客户服务设立专项费用。

（2）如果你是销售公司的领导，就必须对你的员工进行良好的培训和激励。

（3）如果你们是销售团队，必须各负其责，不能推卸责任。

（4）如果想完美地解决问题，事先必须设想可能发生的各种情况，及早预想答案。

（5）记住，客户服务的起点就定在 100% 满意度。

（6）认真倾听，必须理解顾客面临的真正问题。

（7）关注你的竞争对手，看看他们是怎么做的。

（8）微笑着接受顾客投诉，不能抱怨。

（9）寻找一种轻松的谈话方式，让顾客的心情保持放松。

（10）提高你的反应速度，如果顾客有所投诉，他希望的是现在就得到答案，而不是明天或后天。

（11）问题解决以后，要对你的顾客继续跟进，确保类似问题不会再次发生。

（12）凡是事先说过的，你一律要做到，不能食言。

尽管每一个行业中公司的产品和服务领域不同，但敬业、守诺、诚恳的销售精神对所有的销售人员来说，都是必须具备的。如果你没有能力使一位不满的顾客变得满意，那就是说顾客正在迅速地流到你的竞争对手那里去。接下来，粗心大意的你面对的将是市场的丧失和失业。

8. 福音书

沟通记

（1）销售人员会议。公司的销售目标是和销售人员的实际工作息息相关的，连接它们的最好方式就是举行销售人员会议。公司可以利用销售人员会议更好地激励和充实员工，从而更好地实现销售目标。销售人员可以在销售人员会议上受益多多：

员工可以互相沟通、分享信息、积累经验。

解决关于产品专业知识方面的一些问题，以此更好地服务于顾客。

接受公司的进一步专业培训，掌握更多的销售策略。

获得公司提供的更多机会。

给你一个愉快的心情，增强下一步销售产品时的自信。

值得注意的是，销售会议的现场气氛应该是轻松的、自由的、时间得当的（会议放在早晨，时间不能太长）。

（2）倾听和观察。倾听，是许多专业的销售人员最欠缺的基本功。他们只顾着思考如何将自己的产品送到顾客的怀中，而忘记了汲取顾客反馈的信息。

倾听能够避免因为自己的主观判断而说错话。

倾听可以获得你并未掌握的资料（顾客的），所以不要轻易打断对方说话。

细心的观察，可以捕捉到顾客的基本类型：快速浏览顾客的办公室环境；注意顾客细微的表情，但不能让对方发现；记住他的言语特点（比如，喜欢询问，或是喜欢述说）。

倾听和观察的主要目的是尽力地去理解顾客，了解顾客的心理状态。

展览记

各式各样的大型销售会——全行业的盛会，不是天天都可以看到的。到会的人们如果没有某种需求，谁也不会浪费自己宝贵的工作时间。与会者中间既包含着和你有过生意来往的老顾客，也隐藏着许多你的潜在顾客，所以你的举动必须行之有效，没有时间可以让你坐在茶桌前猜测和浪费。

首先要明白这是你的销售生涯中难得的中奖机会，你必须提早有一个精心的准备。在会场上，每一步必须做什么，一定要有条理地记在心里。

恰当安排自己的生活，拉近与主流社会层的距离。这样，了解他们的机会就会更多。比如，和他们住在同一个档次和类型的酒店，在同一个餐区进餐，等等。

摸清活动的基本内容，这样才不会打断自己事先的计划。

如果你的公司是以参展团队的形式出现，那么你和你的同事必须各司其职。紧密的合作是凝聚你们销售能力的唯一有效方式。

留意任何一个机会，将你的推销巧妙地渗透在你的言语之中（不是说销售员的用语），随时准备谈成一笔生意。

表现出你的干练和坚决。谁也不会喜欢和一个木讷、迟钝的人握手成交。

把握尺度。任何事情都不能过于张扬，那样别人会觉得你是有意吸引人们的注意，以为你不够沉着和可靠。

尽量扩大你的接触面，用你的职业眼光对到会者进行客观的过滤（弄清潜在顾客的真正需求）。毕竟你的销售是针对一些重点对象的，而不能撒一张大网来妄想捕住所有的鱼——你得选择更有可能成为自己顾客的。当然，与其他人可以成为朋友，因为这对你没有丝毫坏处。

会后，设计跟进方案（围绕着跟进方式、一举多得的提问、辅助的销售工具、如何见面等方面展开）。

所有的步骤都要求你有足够的细心和勤快。

9. 网络建立……通过协会获得成功

搭网记

归根到底，没有销售，就没有购买；没有购买，就不会有商品和市场的存在。

良好的销售应该是极其主动的，搭建一个宽广、长久、稳定的顾客群，对于一个销售人员来说无疑是非常重要的。通过下面的途径，可以给你搭建一个足以促进你销售事业的网络。

（1）只有你想增加销售、想扩展商业联系、想从他人处学到更多的商业知识、想成为一个活跃而富裕的人，你才能拥有更多的销售机会。

（2）调整出充分的精力，经常参加一些适合自己的活动（商会、公益活动等），并且在人群中明智地表现自己。

（3）事前做好足够的准备，不能迟到。

（4）向众人展示一个积极、乐观、热情、礼貌的你。没有人爱听一些抱怨和懊恼的话，欢欢喜喜的人可以带给别人轻松舒畅的心情。

（5）在会场上时刻保持头脑的清醒，不能因为一些无关紧要的消遣而忘记了自己的使命，尤其是不能在这个关键时候喝酒。

（6）如果直觉告诉你，他是一个潜在的顾客，你一定要在销售之外找到他感兴趣的方面，而且要铭记，然后试图与他建立一些可行的联系。

（7）用你心灵的眼睛去搜索任何对你可能有用的信息，并且及时跟进处理。

（8）不要开口就是与你的产品销售有关的说辞，那样会引起众人的厌烦。

（9）不要奢望每一个熟悉的人都会和你做成生意，但是他可能会给你带来生意。

（10）不是说你认识了很多人，就等于你已经拥有一个庞大的潜在顾客群，你要让很多人都认识你，并且对你有着较深的良好印象。

（11）给自己制造一些意外的收获，比如，经常在晚饭后去公园里走动，或者乘电梯的时候和某些有潜力的人（也许就是潜在顾客）搭话等等。

扩大自己的潜在顾客范围，就是给自己创造更多销售的机会，给自己走向成功的可能。

10. 先知和利润

领导记

一个不想当将军的士兵不是好士兵。同样，一个销售员如果不想做"世界上最棒的销售员"，那他就不是一个优秀的销售员。当然，要成为一个销售行业的领导者，不仅仅要靠苦思冥想，它还需要有独立而富有魅力的性格，和付出切实、高效的行动。

普通职员和领导者最基本的区别。前者只需严格律己和充分激发自己的各种能力；而后者除激励自己之外，还要以行动给自己的员工提供导向（态度、专业知识、激情等）。

增强勇气和胆量。乔治·巴顿曾经说："我从来不会让恐惧影响我的判断。"可见，畏畏缩缩和保守，是一个人成为领袖最大的障碍。销售人员就好比是在战斗的士兵，他们不可能只待在自己熟悉的战场上作战，勇气和胆量可以促使他们尽快地适应各种战斗。尤其对一个决策者来说，这更加重要。

以身作则，同甘共苦。你只有与自己的员工共同营造有趣的工作环境，共同分享经验和技巧，共同处理顾客的棘手问题，才可能使你的销售队伍成为一个优秀的团队，你的领导能力才能不断加强。

趋势记

传统销售人员无非是通过一系列的销售技巧而促成一种商品交易。这在人们越发聪明和警惕的现在，已经显得有些过时。那么，怎样的方式才是有效的呢？

具备丰富而且深入的产品知识，积累充足的解决顾客问题的实际经验。用事实说话，胜过 1000 句巧妙的推荐。

不要存在隐瞒或欺骗顾客的侥幸心理，拿出你的真诚，乐于帮助他，使顾客不再觉得你只是想一味地从他身上索取。

将与顾客的关系处理得很融洽。如果你的产品和服务使他满意，那就可能使他的朋友们也很满意。这源于一个顾客最主要的力量，也就是口碑的力量。

话有三说，巧者为妙。在与顾客的交往中，学会不要使自己的语言充斥着浓烈的商业意味，而是委婉一些。比如说"难道您不乐意拥有一个能帮助您的礼物吗？"这样的说法肯定胜于"您难道不想买吗？"任何人都想听让人感觉舒服的话。你能对顾客的这种心理视若无睹吗？

如果可能的话，请尽量显示出你的幽默，因为有趣的谈话是最富有感染力的。

你想取得销售业绩的胜利吗？那就请进行充分的准备，在那些自以为是的家伙（同行）面前，打几场漂亮的胜仗，做一个新一代出色的销售人员。

11. 提高你的收入

数字记

人类的生理构成决定了人们的身体和精神既具有很好的弹性，同时也存在着先天的弱点（比如，懒惰和侥幸心理）。如果你想有一份理想的销售成绩摆在自己的面前，你就必须克服这些坏事的弱点，努力做到以下几点。

（1）比较自己每月的销售业绩和自己理想的目标，差距可以给自己足够的压力。

（2）态度是一个成功人士的关键，经常反思自己：是否真正尽力，是否对自己的顾客有100%的诚恳，顾客是否感受得到。

（3）出色的销售应该建立在与顾客良好的感情和互相信任的基础之上。你要明白，你是在用一种专业的眼光帮助顾客购买东西，而不是在向顾客卖东西。

（4）如果你没有一个广阔的顾客群，那么对于一些潜在顾客经常聚会的场合或活动（行业协会、商会、俱乐部之类），你还是应该多多光临。

（5）在任何一个存在潜在顾客的环境，你都必须让自己给别人留下一个深刻的印象，你的言行举止最好都能给他们以思考。

（6）你所掌握的专业知识必须足够精辟和全面，对于顾客的任何一个问题，你必须都能够给出让顾客满意的解释。

（7）在与顾客的谈话切入正题之前，你必须已经对他的各方面的信息掌握透彻，因为这关系到你们的谈话会朝哪个方向发展（良好或者糟糕）。

（8）对于还没有成交的顾客来说，你顽强的跟进和聪明的纠缠才是最终成交的关键。

（9）你必须时刻清楚自己的销售正处在哪一个环节，这样才能确定你下一步怎样做才是最正确的。

（10）时刻保持一种专业的洞察力，说不定刚刚与你擦肩而过的人就是你的后备客源。

如果你在进行销售工作的过程中，能够非常好地做到上面这些，那么，请记住，一个很棒的良性循环才刚刚开始。

12. 我能否听到一声"阿门"

释放记

停止你的抱怨，给自己一颗很平和的心。想那些可以使你微笑的人或事情，放弃偏见，先去试着和潜在顾客们成为朋友，这才是成交的前提条件。

学会给自己的大脑放假。最好的办法就是在前一天晚上休息的时候，将自己的目标和需要完成的事情清楚地罗列出来，以此释放大脑中的一切压力。轻松的睡眠之后，一个思维清晰而又有条理的大脑会帮助你出色地完成任务。

感谢。每个人都应该心存感激——对帮助你的人、启迪你的人和你做生意的人。

《世界上最伟大的推销员》

[美] 奥格·曼狄诺　著

◎ 简 介

与其说此书是讲述如何塑造一个世界上最伟大的推销员，还不如说这是一本伟大的书。

任何一本销售类书籍都不可能与此书相提并论。作者独特的构思、细腻而富有才气的笔风、鼓舞人心的主题选择，无一不为此书的出类拔萃增添了动人的风景。

作者奥格·曼狄诺，著书 14 部，销量总共超过 2500 万册，其影响遍及世界各地。他在自我帮助方面书籍上的成就，为他赢来了成千上万来自各行各业的人们的盛赞。他的书中，处处散发着打动人心的神奇力量。

细心品读，你会发现此书不只教你如何成为一个伟大的推销员，更重要的是它能带给你关于生命的思考。它的启示，面对的几乎是整个世界。在它看来，技巧只是妄想糊弄上帝的伎俩，而那些神示般的良言益语才真正是一个人走向成功之岸的航标和规则。

爱和感激始终贯穿全书。它向人们所提倡的"爱自己、爱别人、爱世界万物"和"倍怀感激"的生活观念，无论是从行为上还是从道德和精神上，都能给读者带来安慰、鼓舞和行动的力量。

这是一本深邃的智慧之书。朋友！从夜幕降临到入睡的空闲时间里，请抱着它躺在温暖的灯光下慢慢读来，你定能感觉自己的灵魂仿佛是邂逅了百年不遇的甘霖而受益终生。

◎ 原书目录

◎ 思想精华

如果有人问你世界上最高明的销售技巧是什么，请记得回答：仁爱。

* 羊皮卷的故事。海菲老人对老仆人伊拉玛娓娓的讲述，道出了人们成功的奥妙。

* 羊皮卷的实践。通过工作记录的方式，一步一步地将羊皮卷上的箴言付诸于实践。重点强调了实践中必须遵守的法则。

* 羊皮卷的启示。这一部分将羊皮卷的内容做了推广和升华——不止推销这个行业，任何生命的存在过程中，都应该谨记羊皮卷的教诲。

◎ 核心内容

1. 羊皮卷的故事

第一章

年老的海菲拖着步子，行走在流光溢彩的大厦之间。岁月在他曾经年少轻狂的心上刻下供晚年回忆的斑痕，满屋的金币并没有使他纯净的心灵散发出怪味儿。

海菲永远知道，在他充满奋斗的一生里，老仆人伊拉玛的忠诚和伙计们的任劳任怨是他最为巨大的财富。金银财宝、翡翠玉珠，都将轻如尘埃，甚至宛如没入心灵之海的细沙，在时间海浪的冲刷下再也不会呈现于他的生命之岸上。

第二章

目睹着显赫一时的商业王国就此在海菲的嘱咐中荡然无存，感伤和沉重剧烈地扣着老仆人伊拉玛忠实的心。只有在大理石阶梯后面的房子里，在阳光映照的紫色的花瓶上，在海菲饱经沧桑的脸上盛开着生命最后、最为灿烂的笑容。

灰尘在塔楼的缝隙里随着斑驳的阳光悠悠起舞，海菲从一个香柏木制成的小箱子里，轻轻地捧出了足以成就他一生的东西——几张破旧的羊皮卷。海菲说，它们陈旧的躯体上负载着成功和生命的秘密。

微风从遥远的东方徐徐吹来，带着湖水和沙漠的味道。记忆随风飘过了海菲的眼际，将一幕幕令人毕生难忘的往事轻轻拈来……

第三章

丽莎的少女之爱将少年海菲从骆驼的旁边带进一个需要忍受孤独和鼓起勇气的新生活。柏萨罗老人娓娓而道的箴言，宛如一把启迪生命的钥匙，将少年海菲坚强、充满渴望的灵魂从现实的牢笼中释放出来："孩子，多想想它。只要决心成功，失败就永远不会把你击垮。"

第四章

落魄的少年海菲又一次看见丽莎对他期望的眼神，又一次感到柏萨罗老人在他肩上轻轻按着的双手。于是，他鼓起勇气踏过在寒冷中披着霜衣的甘草地，再一次进入这个荒僻的小镇。"我拒绝与退缩和失败为伍。"他对自己说。

在伯利恒冰冷的夜色中，海菲将珍爱的红袍子为一个初来人世的婴儿充满柔情地披上。这是他伟大的同情和爱，尽管他自己并不知道。高高的夜空显得空旷而寂寥，一颗只属于他的星星已悬在他的上空且始终追随于他。

第五章

夜色依然笼罩在去往耶路撒冷的路上，他需要为自己热心而善良的举动编排一个谎言吗？

柏萨罗老人倚靠在帆布床上，微微地合着双眼，仿佛一个已入化境的修行者。海菲的讲述让柏萨罗老人舒心地笑了："没错，孩子，你是没有赚到钱，可你也并没有失败。"那颗炫亮的星星将永挂在无边的天际，为海菲指示着前进的方向。

第六章

柏萨罗老人虚弱的笑容告诉海菲：他要走了。香杉做的木箱子是他留给海菲唯一的东西——价值连城的秘密。

海菲在告别的泪水中明白：他的生命才刚刚开始；从开始到结束，只有奋斗才会成就一生。

柏萨罗老人说："过去的，就不能再频频回头。你要到遥远的大马士革去，你是鸟儿，那里就是你飞翔的天空；你是鱼，那里就是你畅游的海域。还有那神的旨意，将为你创造一切。但是你不能告诉他人。

"再见吧！孩子，我将微笑着与你挥别……"

第七章

陌生而繁华的大马士革城，熙熙攘攘的集市、交易场上的喧哗声，这一切使少年海菲再次陷入惶恐不安。

在一个叫"莫沙"的小旅馆，海菲躺在单薄的床上，无望的泪水肆无忌惮地漫延在他疲惫的脸上。睡着吧！经过的只是一个短暂的夜晚，爽朗的清晨很快就会来到，人群很快就会充满无限的热情。"只要有决心成功，失败就永远不会把我击垮。"多么有力量的箴言。

海菲终于醒了，对失败的恐惧心情早已不见踪影。"哦！羊皮卷，我就此将你展开，学习你深沉的智慧和高尚的品格。我要学那独自勇敢地从窗户飞到床边的小鸟，以它的勇敢成就我伟大的人生。"

第八章 羊皮卷之一

不愿失败，唯有以美好的开始远离失败。少年海菲铭记着羊皮卷的教诲。无论多么艰难的道路，都是自己选择的，难道不该无怨无悔？再多的艰辛与失望，也饱含着生的机遇和希望。数不胜数的同伴纷纷畏缩、胆怯和承认自己的失败，我则不会。因为我有跨越海洋成功到达梦想彼岸的航海图。

每一天，我都将重新获得生命。过去的失败和坎坷只是不能合我舞步的曲子，让它远去吧！曾经的任性、偏见和无知都将会被我的成熟、公正和无私所取代。

我要不断练习羊皮卷上的说法，让我的行动被巧妙的心灵指挥着，在每一个时刻我都显得精神饱满。奋斗将成为我一生的宗旨。我定能破茧而出，吞下成功的种子。

第九章 羊皮卷之二

海菲听到羊皮卷中一个古老的声音在说："万物都在用各自的歌声赞美这神奇的世界，难道你不情愿加入这唱着赞美诗的行列？"我当然愿意，我会记住这个永恒的秘密，我会发自内心地热爱生活中的一切。

因为，爱是一切成功的最大秘密。

我要戒掉急躁和冷漠，平静面对他们的反对、怀疑和敌视。伟大的太阳不正是用它的温暖感召了寒冷中的万物吗？我愿意接受美好的事物，因为它们带给我光明、快乐和新生；我也愿意接受不幸的事情，因为它们教会我沉着、坚毅和感恩。

我会像柏萨罗老人那样遵照羊皮卷上的话语行动。我用我真诚的笑容赞美，赞美小鸟和土地给我带来生活的灵感；赞美人们指引我走向智慧。我将在每一次的相逢和离去时，深深祝福。在伟大的爱里，我将获得你在自己心里为我留下的路径，被你信任和青睐。我最棒的货物，你再也不会拒绝。

第十章 羊皮卷之三

成功，像那生长在皑皑雪山最高处的千年莲花。为了将这洁白而高贵的花朵戴在心爱的姑娘发间，我必须忘记身后的悬崖峭壁，勇敢向前。跌倒的沮丧和身体的疲惫，简直是病人再次遭遇的恶魔，它们会把我拖进生命的低谷。

我坚持不懈，要做一个摘取千年雪莲的登山者。我的成功在高耸的山顶，它在绵延纵横的崇山峻岭间，释放着世界上最奇异耀眼的光彩。这光彩是深情的召唤，是对我的信任，我怎么能辜负它满腔的期待呢？就如同水手不能辜负远方的期待，蜜蜂不能辜负鲜花的期待那样。

攀爬的我，身体灵活矫健，步伐踏实有力，目光坚定热情。山顶傲然挺立的雪莲，是我梦中的丽莎。相信我，我正在向你靠拢——向成功靠拢。

第十一章 羊皮卷之四

我是自然界最伟大的高山，而非伏地而生的草芥。

对于自信成功的人来说，像动物一样容易满足就好比给正常人喝下烈性毒药。我的生命刚刚才开始，不能如早春的嫩芽那般轻易夭折。

我要按自己的心灵地图前行，顺着别人的路只能将自己赶进死胡同。我不能模仿别人，模仿别人就是复制一个失败的原型。但我会虚心请教和学习，求同存异。我的货物和我，都将是稀缺无比的。物以稀为贵，所以我们身价百倍。

骄傲是一种慢性毒药，它会抹杀我的激情、信心和温和。所以，我决不容纳。

良好的礼仪和态度，是我最吸引别人的美德。我的言辞字斟句酌、风趣恰当，人们都乐意我向他们不断地推荐我的新货物。

我需要一个和谐的家庭，这是我永久的精神支柱。它将赐予我更强大的力量，使我专心迎接所有竞争者的挑战。

第十二章 羊皮卷之五

我不能成为糟糕的、被命运捉弄的羔羊。我不能让时间从眼角偷偷溜走，让生命在手指间陨落。

昨天发生的一切，纵使回忆千万次，也只是泼出门外的水，难以复回。站在今天的刑场上，考虑明天的死亡是一件非常愚蠢的事情。

太阳的光芒，只属于今天。只有今天，才是永恒的。我的喜悦、我的幸运、我的成功，它们的种子都只适合在今天这个日子种植、发芽和成长。然后，我才能在明天用双手举起饱满的花蕾。

对于已经拥有的，我在今天要加倍爱惜，因为明天可能就要面临悲伤的离别。亲人、朋友，今天是最美丽的日子，我与你们那一分一秒都是甜美。它的价值可以因为我们的珍惜而延及一生。那一分一秒流失的，仿佛都是我忠诚的顾客；那一分一秒堆积的，仿佛都是我滞销的货物。

第十三章 羊皮卷之六

我坚信一朵枯萎的花儿，能赐予我一颗成功的果实。我感叹时光流逝，但绝不郁郁沉沉；我经历悲欢离合，但绝不性情无常。

我的情绪由自己控制。我用积极和热情对抗消极和沉默，用反省和警惕对抗惰性和放纵。别人的心思也将逃不过我的法眼。我无需对他感到陌生和茫然，一面之交也能获得他很多秘密，而秘密就是宝贵的财富。

恶意的命运拿我毫无办法，我将成为自己的主人，成为世界上最伟大的推销员。

第十四章 羊皮卷之七

无论寒暑春秋，风总是微微吹着，从不间断。春时，染绿田野；冬时，扫尽大地。

无论苦辣酸甜，我总习惯笑着，从不间断。苦时，化解悲伤；乐时，犹如甘露。

我微笑着，在未知的路上前进。人类最终会走到怎样的尽头，都无从可知。难道我还要因为这些琐碎的小事而懊恼不安吗？

我微笑着，面对别人的冒犯。"一切都会成为过去。"此话已经深入我的骨髓，让我永远保持着困境中也能挣扎站起的坚强。

我微笑着，点缀世界。我用充满激情的歌声点亮黑夜里的生活，让那些不幸和悲伤成为明天的快乐果。

我微笑着，那云彩是我天空的本色。乌云弥漫并不是我的面目，我的眼睛是蓝蓝的云朵，我用我的目光来善待别人，不让他们皱起额头的纹路。

虽然我的本意是想从他们那里换取什么，但我并没有欺骗的意图。只有他们接受货物时的笑声和快乐，才会让我真正感觉自己的成功和伟大。

第十五章 羊皮卷之八

春风，吹绿了麦田。这些居于泥土的麦子，生根、发芽、披起绿油油的"头发"。它们在农人的关怀中、在甜美的养分中成长，直到六月浑身挂满了金黄。

为什么我不能如这伟大的麦子，在岁月的风吹雨打中使自己身价百倍呢？难道我要成为一颗平庸的麦粒，被送进饲料厂？或是在坚硬、冰冷的石盘下被碾得粉碎？不，我生命的尊严不允许这样受到践踏，我无法忽视我选择的权利。

我将选择由低到高的目标，一个、两个……在失败、无知、无望的黑色土壤中艰难生长。大自然给麦粒提供着必需的养分和力量，我则要塑造自己完美的品行和高贵的心灵，使自己成为世界上最耀眼的花朵，结出最饱满的果实。我将说到做到，绝不含糊和畏惧。

羊皮卷上的教诲，将成全我美好的生活。我将让美好也伴随着无处不在的阳光,传播到每一位聆听者的心田;我的解说和计划定能使所有人耳目一新。

第十六章 羊皮卷之九

萤火虫会在寂静的夜里,挥动着自己微小的翅膀,发出亮丽的光芒;而云雀,也只有振翅而起,才能占据无垠的天空。它们都是出色的精灵,将空洞的梦想在行动之中转化为现实。

我紧紧握着羊皮卷,制订了我创造财富的计划,幻想着丽莎的父亲不再因为我的贫穷而拒绝女儿成为我的妻子,我已经看见了自己获得"世界上最伟大的推销员"的称号……

想象永远都是美丽的,冷峻的现实却给我当头一棒。我恍然醒悟——我必须像那黑暗中的萤火虫、苍穹里挥动翅膀的云雀一样行动。否则,一切的计划和幻想都会苍白无力。

第十七章 羊皮卷之十

尽管我自信会成为世界上最伟大的推销员,但我仍然只是在无边的荒野里寻觅的一只小羊羔:夜色会使我看不见东西,风雨会将我淋湿致病,凶猛的动物会将我撕咬,还有我天生的惰性和贪婪,会让我模样丑陋。万能的主,只有在您的指引下,我才能逐一克服这些困难,才能走向成功和幸福。

主啊!我需要足够健康的生命,好让我去实现梦想和目标。

物质的充足并不能填满我的心灵,我还需要快乐、充实和被信任。

您曾告诫我,只有用爱心善待一切生灵,只有在困境中学会虔诚,只有懂得牙齿和利爪并不是战胜狮子和猛禽的最大力量,才会在它们的支持下得以胜利和兴旺。

告诉我,这个虔诚的推销员,是什么导致他失败,他把成功的那粒种子掉在了哪座大山深处,以此给我指引方向,好让我感受到那顶桂冠召唤的力量。

给我勇气,责骂自己的疑虑和懦弱!把我扔进黑暗中吧!让我去习惯恐惧、克服恐惧,获取精神能源和悲伤时的乐观。

请教诲我，斥责我。使我将不良的习惯清除掉，使我在冷漠中发现，朋友的情谊远胜过陌生和仇恨。

如果您看见我孤零零，如同冬天里挂在树上的一片叶子，请让春天的和风信守承诺吹过我的身旁，让我感受您与它仁慈的胸怀。

请让我擦亮我的眼睛，看着自己的身躯焕然一新，帮助我了解您认为对的一切。

第十八章

神奇的羊皮卷，依然没有碰到冥冥之中的传人。三年的等待让海菲显得更加苍老。他的身体虚弱，眼力也不太好了。他总是孤独地躺在花园里的椅子上，微微闭着眼睛。

陌生人的到来，在伊拉玛疲惫的眼里，值得警惕。然而，海菲老人是个极其善良的人。他耐心地听着这个名叫保罗的陌生人讲起他曲折而悲惨的故事。这个故事发生在罗马。

在耶路撒冷，一个叫史蒂芬的耶稣门徒在保罗的作证下被犹太法庭处死……由于年轻的狂热，保罗跟随着寺院僧侣疯狂地迫害耶稣门徒……耶稣复活，给了保罗教训。保罗开始相信并追随耶稣，但他的宣扬无人相信且被怀疑者们追杀、迫害。一天，在圣殿里，耶稣给了他神示："去找那个世界上最伟大的推销员，如果你想把我的话传给世人，就要向他虚心请教……"

海菲老人被这传奇的情节深深震撼。他的眼睛陡然一亮，要保罗"告诉我耶稣的事情"。

伟大的耶稣，以他的神迹和教义感召了许多在不幸中挣扎的人，然而却被迫害致死。他的复活、他被钉死在十字架上时被鲜血浸染的红袍和他那看待生命的态度，都是怎样地感人肺腑……

海菲老人接过那件溅满鲜血的袍子，袍子上绣着的标记使他禁不住双手颤抖，心中一股剧烈的翻腾——那两个标记竟然是托勒作坊的星星和柏萨罗的圆圈。

亲爱的朋友啊！还记得在伯利恒的一个寒冷山洞里，少年海菲曾为一个刚到人世的婴儿柔情地披上一件红色的袍子吗？

"那天晚上，天空中有一颗最明亮的星星。"海菲老人与保罗紧紧相拥，老泪纵横。

2. 羊皮卷的实践

羊皮卷的故事就此宣告结束。是否它已让你干渴的心灵犹如甘霖滋润？是否你黯淡的眼神猛然一亮，你旧时的梦想如烈火般熊熊点燃？答案若是肯定的。我并不见得会如何替你高兴，因为羊皮卷带给你的远不止这些一时的情感、小冲动。除非你是真的愿意接受这些啰嗦的计划，并且踏踏实实地执行它。

第十九章

假如今天是你生命的最后一天，你是否乐意执行这些不倦的教诲？是否会将身上所有的恶习统统改掉？是否仍然只是坐在那儿梦着明天自己多么伟大？别介意我这直接的问候，你必须明白羊皮卷并不只是推销员的良药，它适合任何一个乐意追求人生价值的人。

你的未来究竟是什么样子？别怕，我将给你行动的法则，你只需想着自己要什么，并记录下你从此之后的执行日记。保持这良好的习惯，将你的决心、毅力和勇气凝聚成不平凡的气质和力量。

不能自欺欺人，伤害自身的人格。你渴望成功，且乐意执行。然后，你会发现自己的才智即使是世界上最伟大的智能工具也无可比拟。

第二十章

每当夜深人静，你应该握一支笔，轻轻地翻阅羊皮卷的故事。听它里面吟唱的舒暖人心的歌谣，宛如黑暗中划亮夜空的星星在你平淡的心情里熠熠闪光。

生命已是充满不幸和悲伤，快乐成为世界上最为奢侈的东西。你没有理由再将有生之年蹉跎，只有热情和活力才能为你找到最后的归宿。每个人身上都存在着卑劣的恶习，每个人都曾感觉到独自行走在漫长旅途上的孤单。可羊皮卷是我们忠实的朋友啊，它总是不偏不倚说着真理般的话。也许只是那么一个长宽不足 30 厘米的小册子，就能陪着你改过自新，躲过挫折，抗击灾难，收获财富，最终走向理想的生活，获得幸福。

第二十一章

每个人都是上帝咬过一口的苹果。谁都无法成为完美的人，但是从来只有美德才能将无数张相似的脸庞区分。美国第一任总统，伟大的华盛顿将军以其平静、自信和超强自控能力将自己定格在美元票面上；还有为追求人类平等而奋斗一生、最后英勇献身的第十六届总统亚伯拉罕·林肯，他的爱、包容和顽强，足以拯救一个分裂的民族，并震撼人类的心灵……

美德就像一棵美丽迷人的大树，它的叶子能够挡住无数罪恶的风沙。人人都应该种下这样一颗梦的种子，并精心养育，保佑它健康成长。博学多才的伟人本杰明·富兰克林曾给自己定下除掉恶习的 13 个方法，并坚持执行，使自己最终成为一个近乎完美的人。

给自己一个培养美德去掉恶习的妙方吧！写下它，执行它，以它的名义去摘取自己人生的桂冠。

第二十二章

还记得羊皮卷之二中"我要用全身心的爱来迎接今天"吗？赞美和宽容，使人变得真正强大。只有以坚持和节制来锻炼自己的身体、以智慧和知识来充实大脑，才能证明对自己是真爱而非纵容。

依据心中那些守护灵魂的原则，完成每天的工作。让羊皮卷的旨意在你劳累的脑中再过三遍，看看自己的表现是否让自己满意。不要怀疑你的进步，因为"努力＝进步"这个公式极为简单，你只需扪心自问。

伯萨罗老人的话永远值得你我共勉："只要决心成功，失败就永远不会把你击垮。"

第二十三章

我们共同在荒漠里徒步前行。有太多的伙伴由于筋疲力尽、失意、无望，结果就躺在那干燥的沙土上不停地抱怨、哭泣，以至于最后他们因生命之水干涸而亡。你难道乐意成为茫茫沙漠里的一堆白骨吗？

能够在长途跋涉中发现绿洲的行者，绝不是只顾哀叹和忧愁的人。

正如希姆斯的箴言：要想成功并不难，只要我们辛勤耕耘，坚忍不拔，抱定信念，永不回头。

如果在接连5个星期的每一天，你都保持着阅读3次的好习惯，完全领会羊皮卷之三的魔力，那还有什么能让你对明天的道路感到恐惧和忧愁呢？

第二十四章

水从来没想到自己可以滴穿岩石，它只是在默默地重复着做。结果，柔弱的它居然战胜了坚硬的岩石。因为它从不为昨天的成绩沾沾自喜，也不为一时挫折倍感沮丧，所以它滴穿了更厚的岩石。

奇迹总是独一无二的，如同你的举世无双。在羊皮卷之四里，藏着这个伟大的秘密，你是否发现了它具体的藏身之处？它藏在你取得成功时不骄不躁的心态内，藏在你仪态出色、风度翩翩的举手投足之间，藏在你不与他人苟同的性格里，藏在你勇敢追求卓越的热情里。

如果你锐利的目光能将它一眼洞穿，那么请牢记它、执行它，让这些优秀的秉性彻底地附载于你身上，它终将赐予你辉煌的光圈。

第二十五章

生命犹如盛开在枝头的花朵，如果不能让自己大多数的时间里闭于花蕾积蓄力量，那盛开的一幕将永不可能呈现。

请在作为花蕾的时候，为自己的气质点缀高贵的颜色，为自己的身形塑造出优美的骨架，让睡梦中的胚胎在清晨的绽放中潇洒地迎接春风。你这一贯的美丽，会让你即使在陌生人的眼中，也能获得幸运之神的青睐。

就当这灿烂的时日极其有限，每分每秒都重于黄金白银。如果我索性破罐子破摔，冷眼看着生命的伤口流走大量的血液，或是藏在阴暗的角落里瑟瑟发抖，像个死囚犯一样等待判决，这都只能证明我的生命一开始就是个错误、我在这个世界是多余的。即使我真的离去，也只是证明自己如同被虫子噬坏的朽木，毫无存在价值。

如果我的生命和前途是这样暗淡无光、倍感酲酲，那一定是恶习占了我的生活的上风，我对羊皮卷的怠慢给自己带来了应有的惩罚。

第二十六章

我们都是各自驾着一叶扁舟、跨越生命之海的流浪水手。无边的蓝色笼罩整个海际，风雨和海浪时不时地袭击着我们。于是，有人操作失误被海风卷走，有人心浮气躁被浪花吞没。只有少数的一些智者，他们历经艰险，最后安然无恙到达了自己理想的旅游胜地。

对于海神发出的死难要求，盲目的抗争和决斗最容易置自己于死地。你必须学会成熟和谦和。要揣摩海神的脾气，寻找安全的航行季节和时间；要从同伴们那里学习他们的高超技巧，熟练地掌握驾驶的本领。

任何的心绪不定都是错误的指南针，可能把你带入死神的境地。只有你使自己的心灵变成一弯平静的海滩，现实中那片阳光普照的海滩才会变成大自然最温暖的怀抱，等着你的到来。

第二十七章

英国著名作家兰姆曾说：在市场上，一声笑抵过100声呻吟。此时，你是否感觉到笑的力量？

如果你敢于嘲笑世界，讽刺人们的庸俗忙碌，那么这足以证明你的自信、高贵和强大；

如果你敢于嘲笑收获，厌恶自己的洋洋得意，那么这足以证明你的谦逊、豁达和进取；

如果你敢于嘲笑窘迫，坚信自己的时来运转，那么这足以证明你的勇敢、坚毅和顽强；

如果你可以对着陌生人真诚微笑，那么别人就会铭记你的热情和善良；

如果你可以对着疲惫的自己微笑，那么生命能够感觉你的平静和祥和；

如果你可以对着结束的生命微笑，那么世界上永恒的将是你的从容。

如果你已将以上内容都深刻领会，那么请你翻开自己的成功日记，看看这些隐藏在微笑背后的优秀性格特点你已具备多少。

第二十八章

世上没什么路永远平坦、笔直、没有岔路的搅扰。我们总是行走在路上，总是经过数不清的路口，总是在寻找进入自己梦想世界的入口。

随随便便做出选择的人，都将被命运之神以枷锁紧紧套牢，像羊群一样被驱赶着走向最后的屠宰场。只有那些重视自己的价值、毫无轻视生命之意的人，才将被赐予心灵地图，被带进磨炼的土地上。

然而，这并不代表这部分人的圆满，因为生命的进化要求淘汰的程序永远要运转下去。只有深深扎根在这块磨炼的土地上的人，才会拥有足够的力量冲刺自己的目标，不断地打破自己，才能终究成为羊皮卷之八预言的那样："我要再接再厉，让世人惊叹我的伟大。"而那些萎缩的、轻浮的则只能流入庸碌的人群之中。

第二十九章

现实和梦想永远只有一步之遥。说起来，这应该算是个人生秘密。

如果你没有将设想过很多次的计划付诸行动，你就永远不可能知道这个秘密。也许，它与你仅仅一纸之隔。只因为你无法克服懒惰和拖延的坏习惯，所以成功与你擦肩而过。

就像鸟儿如果懒得振翅，仅凭大自然的风力，根本无法飞上蔚蓝宽广的天空；

就像蝴蝶如果懒得早起，一直睡到太阳暴晒，那清晨四处流溢的花香定与它无缘；

就像星星如果懒得睁眼，只是呆呆地躺在天际，那么它就不可能领会到夜色的魅力……

即使你有非常完美的获得财富的计划，但倘若你只是痴人说梦，无视自己心灵的惶恐不安，拒绝按照羊皮卷之九的旨意行事，那么你就尽管做无数个美梦吧！在任何一个清晨醒来，你都会发现自己仍然只是从前那个逊色、穷困的小推销员。

第三十章

祈祷吧，朋友！上帝依然健在，你的虔诚将赢得上帝无数次的神示。

技巧和手段永远都只是人类小小的伎俩，它们都是在上帝的注视中被我们自以为是地运用。

不要祈求那些小恩小惠和自私的奢望。你要祈求内心的安宁、众人的愉快以及世界的和平；祈求冥冥之神引导你、帮助你，指给你前方的路。

3. 羊皮卷的启示

第三十一章 我永远不再自怜自贱

自强者自立。这个道理亘古不变。

如果你畏缩低迷、自怜自贱，总是用谎言为自己狡辩，那你就和向别人行骗的坏蛋没有什么两样。所以，你必须自强自立。

如果你低头哀泣、自怜自贱，只想以徒劳的眼泪和诉说来博取别人的同情和帮助，那你的双脚就是作为摆设的拐杖。所以，你必须自强自立。

如果你三天打鱼、两天晒网，使生命虚无缥缈，因懒惰而蹉跎，那你就会永远身在冰冷的冬天，毫无春天可言。所以，你必须自强自立。

如果你相信羊皮卷中的箴言，做到自强自立，那你短暂的低落就是转机，你的悲痛也会成为过去，你的未来将充满神奇。

第三十二章 面对黎明，我不再茫然

人最可悲的并非想要的东西得不到，而是根本不知道自己想要什么。

羊皮卷带给你新的生活——阳光和微笑，困境和牢笼将不再属于你。如同一条小溪里的鱼，大海赐予它宽广和快乐。

羊皮卷带给你新的生活——方向和归属，沮丧和茫然将不再属于你。如同一个虔诚的朝圣者，已经看见了自己的圣地。

相信自己，相信黑夜早已成为过去，黎明已在你的城堡之外。打开你的心扉，铭记你的计划和目标，迎接它！

第三十三章 我永远沐浴在热情的光影中

没有任何一个伟大的胜利可以缺少热情，就像沙漠中的旅行者不能离开水一样。

热情是世界上最大的财富，只有它才能帮助人们克服人生的磨难，给人生以希望。

真正的热情是长久的渴望和思考。一时的冲动是过眼云烟，毫无所用。只有坚持它一天、一年、一生，养成骨子里的习惯，它才能如同牵引机一样将你带入美好的生活。

真正的热情有无边的魔力和灵性。所以，你将拥有别人不能拥有的。

第三十四章 我不再难以与人相处

即使你信奉上帝，上帝也只会告诉你怎么做，而不会给你什么。成功的桂冠，早已放在人生的领奖台上。除非你明白靠近的方法，否则它只与别人有缘。

现在的你是拥有神奇的力量还是芸芸众生中的一员，完全取决于你是否遵守羊皮卷中智慧老人的细则。

你在别人的心中放下希望的种子，别人便还你美丽的花朵；

你对陌生人也能给以真诚的微笑，他就分你一半他的阳光；

你怨天尤人的满腹牢骚倘若结束，世界就给你一片晴朗的天空。

反之，

你给别人苦瓜脸，他便给你紧皱的眉头；

你无视别人，就只能得到别人的背影；

你愤怒地责骂大地，大地便以同样的愤怒回应你。

总之，成功并非要求你处处伟大、次次牺牲，它本身只是一些微不足道的善意、微笑和职责。

第三十五章 在每一次困境中，我将寻找成功的萌芽

灾难和成功相辅相成，才使世界完整。花朵不经历风雨寒霜，便

不能成为饱满的果实。

如果现实将你深埋在失败的土壤中，难道你就会因气血受阻而甘愿夭折？告诉你，坚强的种子从来就不会放弃发芽的机会。我们既然不能把昨天的创伤抹去，那就应该用新生的皮肤覆盖旧日的瘢痕。

困难摧毁的只是喜爱享受的懦弱者，而在困苦中坚持寻找成功萌芽的勇者才将站得更高、走得更远。伟大的转机永远都藏在这个苦涩的瞬间，只有顽强才会换来满庭芬芳。

第三十六章 做任何事情，我将尽最大努力

成功就像雨后天空中的彩虹那般美丽，像天使手中托盘上的酒那般香醇。但如果你不能全心全意地伸出你的双手，这些迷人的东西就会成为别人指尖上的玉扳指。

任何事情，需要的是尽力。留下余地，那就会成为失败者蜗居的角落。

任何事情，需要的是尽力。真正的高下，只有在所有参赛的人拼尽全力的情况下，才能定出分晓。

无论你从事什么样的工作，你都必须学会热爱它，努力达到的要永远比目标多一些。否则，失去了自觉性，你就是现实的奴隶，你的身心都被捆绑，你的付出都成煎熬。如此，何来罕见的成绩？

第三十七章 我将全力以赴完成手边的任务

自古行军布阵，必然恪守"宁肯备而不战，也不能战而无备"的战前准备精神。人生和推销，亦是如此。

如果你想在安乐窝中构建未来的美丽天堂，而灵魂仍在没有归宿地游荡、徒劳等待着好梦成真，那唯一的结局就是竹篮打水一场空、一事无成。

灵感、机遇和幸运，通常只会邂逅那些孜孜不倦的人。小的积累往往会造成质变。如果从人生一开始，你就没有一个深思熟虑的计划和行动而好高骛远，那唯一让人们肯定的是，幸福定不会降临于你。即使幸福正好砸在你迟钝的头上，你也没有能力挽留它，就像一个懒汉不能挽留他美丽的妻子一样。

所以，用你的勤奋，在有限时间里搭建一个稳固的平台，等待着命运之神的降落吧！

第三十八章 我不再于空等中期待机会之神的拥抱

幸运之神犹如汪洋大海中成群的大鱼，在你的视线里游来游去。你难道打算持钩等待，希望鱼儿自己上钩吗？或是，你面对茫茫大漠，打算不用自己的双脚，而让风沙将你送到一片绿洲吗？

时间飞逝，光阴荏苒，可能就是在你频频回首之中或弹指之间，生命已去大半。命运之神在它的小屋子内苦苦等待你很久，最终甩手而去。智慧的人应该是积极的，展开双臂、敞开胸怀拥抱未来。

热衷于推销的朋友！无所不能的羊皮卷永远不会教你坐在舒适的家里等着顾客自己送上门来的。它只会教你跟进、拜访，以真诚的心去换取梦想的财富。

第三十九章 我将在每晚反省自己的行为

生活之书从不允许随意改写已有的内容，如同生命不能从头再过——所有的遗憾和错误只能下不为例。谁也不能保证一生不犯错误，重要的是不再犯同类的错误或者懂得避免和预防错误。所以，我们需要反省。

反省性的思考可以像用水清洗污垢一样清洗人的性格和心灵。在每一个夜幕悄悄降临之时，我们应该像倒影带一样回忆今天的言行举止，看看是否如羊皮卷告诉我们的那般智慧。

在此之中，我们客观地看到自己，并学习经验，以此使明天的成就远远超过今天的收获。

第四十章 通过祈祷，我永远与万能的主息息相通

这个时代，仍然存在着疾病和灾难；前进的路上，仍然存在遍地的荆棘。阳光不可能永远照耀着宽广的大地，我仍然会遭遇黑暗和寒冷。

尽管如此，我仍然拥有无穷无尽的希望，只要我可以虔诚地扪心祈祷。

面对坎坷时，能够坚强、忍耐；

面对抗议时，能够无畏、包容；

面对忧虑时，能够乐观、积极；

面对成功时，能够谦逊，甚至卑微。

生命是世界送给每个人最美的礼物，我将对这盛开的花朵倍加爱护、珍惜，并履行它伟大的职责。当它回报给我丰硕的果实时，我将倍怀感激！

《就这样成为销售冠军》

[美] 汤姆·霍普金斯　　[美] 劳拉·拉曼　著

◎ 简 介

像任何其他技能一样，销售能力也可以被训练出来并不断精益求精。这是享誉全球的销售大师汤姆·霍普金斯对销售能力的精辟论断。这一论断结束了数以万计彷徨在销售领域的人们被动、无奈的局面，给在失败线上挣扎的销售人员以巨大的鼓励，使他们具有了走向成功、成为冠军销售员的信心。

本书（《就这样成为销售冠军》）集合了汤姆·霍普金斯与其伙伴劳拉·拉曼（顶级的销售健将，为帮助更多有上进心的销售员及公司获得成功，她于1989年创办了经理人培训咨询公司）多年来在销售行业的实践经验和潜心体会，深刻地阐述了关于销售的各种问题。它为有志于销售行业的广大人士描绘出业绩不再是问题、收入越来越丰的辉煌前景。

在内容、形式上，它打破了以往规矩的、没有趣味的教条化叙述方式，以故事的形式，通过主人公一步一步的销售训练，向更多的人展示着冠军销售员成功的秘密。这种新颖的表达方式为读者的接受与领会带来了极大的方便和愉快。

本书的细节处理也别具一格。它不但透过许多情景告诉人们每一步精细的销售技巧，还借助史蒂夫的工作日记将核心内容突出，使得读者的脑海里有更深的印象。

同样生活在这个竞争激烈的时代，为什么别人可以在一天之内创造你一生的财富？差距为何如此之大？如果你是一个整天为没有业绩而愁眉苦脸的销售员，那么你想知道其中的奥妙之处吗？请让你的阅读来告诉你最终的答案！

◎ 原书目录

1.冠军销售员的身心

2.冠军销售员的训练

3.冠军销售员为什么会讨人喜欢

4. 冠军销售员的声音

5. 冠军销售员的形象

6. 善意诱导的必要性及其艺术

7. 理解不同个性

8. 用直觉解读他人

9. 剖析销售

10. 组建人际关系网

11. 获得尽可能多的约见机会

12. 克服恐惧被拒绝的心理

13. 精彩的问候

14. 需求鉴定

15. 排除竞争

16. 强有力的展示

17. 异议预防

18. 成交戒律

19. 战胜最后的异议

20. 追踪现实和对追踪的恐惧

21. 推荐的竞争优势

22. 冠军销售员对未来的展望

23. 时间安排

24. 冠军销售员的自我分析

◎ 思想精华

不是每个人都能成为销售冠军，除非你按照汤姆·霍普金斯和劳拉·拉曼所说的开始做起：

* 冠军销售员的身心。健康乐观的身心、顽强的毅力，是冠军销售员必备的基础。

* 冠军销售员的训练。有效安排工作时间，排除后顾之忧；针对

产品和客户做好充分的准备，掌握丰富的产品知识和客户信息；不放过任何培训或提高能力的机会。通过这三方面培养销售员的综合能力。

* 冠军销售员为什么会讨人喜欢。以言语谈吐之间的激情和热情感染顾客，拉近与顾客的心理距离；避免消极或不文明的肢体语言，消除顾客混乱或不安的信息。总之，怀有一颗真诚的心，就能讨得顾客的喜欢。

* 冠军销售员的声音。冠军销售员在与顾客交谈的声音处理上，像完成其他的销售环节一样拥有艺术性的技巧，它传达给顾客专业、激情、信任等有利信息。

* 冠军销售员的形象。冠军销售员不仅要具备足够的内在素质，还要对自己向客户呈现的外部形象进行合理修饰。成功的形象会大大减少与顾客沟通的阻力。

* 善意诱导的必要性及其艺术。销售员对顾客的善意诱导，是整个销售环节的关键。只有这样，销售人员才能使顾客接受新的产品知识，帮助顾客完成选择。

* 理解不同个性。很多失败的销售员，往往不能根据顾客的特点来调整自己的销售风格。而冠军销售员则知道为什么他喜欢这样的，而她又喜欢那样的。

* 用直觉解读他人。这告诉销售人员，在仔细观察的基础上，解读顾客的非言语表现，可以获得更多的顾客信息。

* 剖析销售。解析销售活动的规律和程序，探究顾客的需求、心理，为销售员制定正确的实施步骤，明确思路。

* 组建人际关系网。销售员没有关系网，就是没有客源，就没有生意可做。组建宽广而稳固的人际关系网，需要你的技巧和勇气。

* 获得尽可能多的约见机会。与顾客约见，等于成倍增加成功的可能。绝妙的追踪技术和大胆的拜访是增大与顾客约见机会的两大法宝。

* 克服恐惧被拒绝的心理。战战兢兢的结果就是被拒绝或者失败。只有大量的情景练习，才能使销售员克服恐惧心理、树立良好的信心，去挑战不可知的工作或任务。

＊ 精彩的问候。它将教会你怎样完成一个美丽的开始，让顾客产生对你的信任和喜悦，接受你进一步的陈述和善意诱导。

＊ 需求鉴定。如果你不能准确了解顾客的需求，再有力的产品介绍和销售技巧也是苍白、徒劳的。所以，鉴定顾客的需求是销售员的首要任务。

＊ 排除竞争。没有竞争就没有市场，而只有排除竞争才能长久立足。

＊ 强有力的展示。常言道"打蛇打七寸"，只有在顾客面前突出他所需要的（产品、态度、心理满足），才能打消他的疑惑，坚定他的购买意向。

＊ 异议预防。顾客提出异议虽然是在销售完成之后，但绝对不容忽视。销售员早期精心准备，是基本可以做到防患于未然的。

＊ 成交戒律。销售员一切的努力就为等待这个关键时刻，沉着和小心谨慎同样显得重要。关于购买信号的问题，是本章的重中之重。

＊ 战胜最后的异议。一个出色的销售员，会以采取预防措施和保持乐观心态为每一次销售画上完美的句号。

＊ 追踪现实和对追踪的恐惧。论证销售员对潜在客户的跟进在整个销售环节的重要性，介绍基本的跟进方式。

＊ 推荐的竞争优势。与其他的宣传方式相比，顾客满意、产品的口碑是最为有力、有效的。

＊ 冠军销售员对未来的展望。美好的事业都是从美好的计划开始的，之后则始终伴随着计划者不断的客观计算和不懈的执行。

＊时间安排。强调科学利用时间对销售人员的重要性及其方法。

＊ 冠军销售员的自我分析。任何一个行业，所有成功的人，都是由自身勤恳的生活态度与无比顽强的信心共同造就的。

◎ 核心内容

1. 冠军销售员的身心

一个人能否取得职业上的成功，关键取决于他的精神面貌。这包括：

性格、心态、精神食粮和身体的健康状况。对于冠军销售员，更为如此。在现代高节奏的生活中，从来没有听说有人因为精神委靡不振、体弱多病而在激烈的竞争中大获全胜。

有心理学家曾经指出：人体心理中的积极性因素是一切活动能力的来源。但另有研究表明，在正常人每天产生的 1 万个没有丝毫根由的念头中，至少半数倾向消极方面。可见，这两者是极其矛盾的。销售人员只有通过极其有效的自我调剂、积极的心理暗示，才能拥有满腔的自信和热情，对顾客的购买行为产生良性引导和鼓励。

冠军销售人员通常是这样做的：每天起床的第一件事就是进行三次有意识的积极的心理暗示，告诉自己"今天是一个伟大的开始"。我们的心灵需要补充这样的精神食粮，每次也不过 5 分钟而已。

作家罗兰曾说过："运动的好处除了强身之外，更是使一个人精神保持清新的最佳途径。"时刻面临着遭受拒绝、销售定额、经济变化和工作强度大等压力的销售人员，应该养成积极锻炼的习惯来释放这些压力，从而拥有持久的精神和清醒的头脑，迎接新挑战。生物学更加印证了这一点：早晨的运动可以给我们一个好心情去开始一天的工作，更重要的是它具有降低血压、稳定血糖、减少骨折和预防心脏病的作用。对于这点，冠军销售员通常都会做得很好。

如果你想提高自己的销售业绩、获得"冠军销售员"的光荣称号，只以上几点并不足够，你还必须铭记其他方面。

（1）维生素、矿物质和水是你必不可少的营养元素。

（2）再好的机器也需要休息，你必须保证 8 小时有质量的睡眠，以获得充沛的精力。

（3）必须通过你的兴趣爱好（比如下象棋、欣赏古典音乐等）扩展心智，增强你的学习能力。

（4）最后，万事万物，贵在持之以恒。

2. 冠军销售员的训练

有一句古话叫"玉不琢，不成器。人不学，不知义"。汤姆·霍普金斯坚信,像其他任何技能一样,销售能力也可以训练出来并不断精益求精。销售人员不是诗人,不需要天生的神经质或精神异常,而是需要经过系统的销售训练来掌握各种各样的销售技巧,从而由一名普通的销售员变成一名杰出的销售冠军。

要想具备一个冠军销售员的优秀品质,在千差万别的客户面前将销售艺术演绎得淋漓尽致,关键在于把美好愿望付诸切实有效的行动。

(1)试想销售环节中最让你恐惧的一幕,然后克服它。如果碰到一件较棘手的工作,那么就"先除之而后快",清除这一销售障碍。但是,请注意你的精力和时间。

(2)约见顾客之前,进行充分的准备。准备内容包括:本产品的性能和优势、顾客的需要、顾客的个人信息、设想拜访的情景、万一遭到顾客拒绝时应该采取怎样的挽救措施等等方面。准备越充分,销售成功的概率就越大。这正应了一个反映战争前夕军队准备工作的兵法策略:"知己知彼,百战不殆"。

(3)市场在变化,顾客也在变化,为了应对这种销售局势,你必须不断给自己"充电"。接受更先进的专项培训,广泛阅读专业书籍,与伙伴分享实践过程中的销售经验等,这些都可以让你朝"冠军销售员"的称号逐渐靠近。

3.冠军销售员为什么会讨人喜欢

不能否认,没有人喜欢和迟钝、木讷、毫无趣味的人进行各方面的信息交流,除非学生被迫听从老师的教训。虽然我们的销售人员不是严肃的老师,客户也不是学生,但客户仍然比较偏心于处世积极、性格开朗、待人和蔼的销售人员——冠军销售员。到底这些冠军销售员是通过什么样的方式来讨取客户的欢喜的呢?看完下面这个著名的试验结果,你将会得到完美的答案。

1968年,美国心理学家艾伯特·梅拉宾经过大量的实验得出了一个公式:信息交流总效果的55%来自于身体各部位的姿态和动作,

38% 来自于音调，而只有 7% 来自于语言交流。这个结论在销售人员与客户的接触、交流中同样适用。

销售人员给客户留下的主要印象，是他在介绍产品、提供参考分析包括售后服务等过程中不经意间暴露出来的，尤其是表情和动作。一个普通的销售人员需要怎样，才能如冠军销售员那样赢得客户欢心呢？

（1）热情和激情是最容易感染别人的。它可以通过你真诚的微笑、柔和而又坚定的目光、赞同式的微微点头、笔直的坐姿、手指优美的弧线比划等等举止，把你充满活力的心跳传达给需要你帮助的客户，使顾客信任你、赞赏你。

（2）假如你双臂在胸前交叉怀抱或是双手插在口袋与客户进行交流，那他一定对这种不礼貌的销售行为表示反感，更不用说购买你的产品了。所以，你必须克服不文明或消极的习惯，让肢体语言传达给客户一些好的信息。

（3）再一次强调：诚恳！诚恳！你是真正地愿意帮助他，还是只瞅着他兜里的金币，生物直觉会让他一眼识破。

4. 冠军销售员的声音

艾伯特·梅拉宾的试验告诉我们，除表情和动作之外，声音是人与人之间传递信息的第二大途径。客户可以通过你的声音判断出你对自己的职业是否充满激情，你对自己的销售是否拥有信心，你对这笔生意是否在乎。这些信息都直接影响客户对你的销售行为的态度。

音频、音调发音和变化，共同组成声音。冠军销售员在说话时的声音处理上，像完成其他的销售环节一样运用着艺术性的技巧。

（1）上扬、热情的语调比起单调的声音来，更能流露出他的自信和希望。

（2）清晰的发音和肯定的语气，更能突出他的专业和诚实。

（3）结束语的降调，确认他对自己的阐述非常满意，他坚信他们会成交。

事实上，初次踏入销售行业的很多新人，在接触客户的过程中，心理一直处于紧张和恐惧的状态。他们手忙脚乱地应付着客户的各种询问和质疑，根本顾及不到声音这个层次。要消除这种情况，除了寻找有效的方式放松之外，就是不断地练习（比如，利用录音机录音进行情景试验）。

5. 冠军销售员的形象

"人靠衣装马靠鞍"这一俗语强调的是：对一个人进行直观判断时，外部形象在整体印象中占据很大的分量。冠军销售员不仅要具备足够的内在素质，还要对自己向客户呈现的外部形象进行合理修饰。

（1）正规、得体的职业装，并没有因为时装潮流的冲击而显得不合时宜。通常，大人会这样教育小孩不要对人的存在产生等级之念："你不应该以貌取人！"但不能否认的是，现实生活中，陌生的人们往往是以这种方式互相进行判别的。

（2）树立成功形象的建议：时新的职业装或颜色鲜艳的夹克能给人以权威的感觉；鞋子的庄重可以显示你的细心；整洁、成熟的发型可增强你的可信度；淡淡的香水可以营造一点气氛；稳健的步伐体现你的工作效率等。记住，适可而止！

（3）握手是传达信息的好机会。以微笑的表情、稍弯的肘部有力地与客户握手，可显示你的自信和充沛精力，拉近与客户的距离。

在树立个人形象的过程中，应多征求朋友或同事的意见，集思广益。

6. 善意诱导的必要性及其艺术

市场上的产品极其繁杂。一般情况下，客户只明白自己生活的某一方面遇到了麻烦，需要以购买的方式向市场求救。至于具体需要什么性能、什么价位、什么型号的产品或服务，他们大多无从知道。销售人员的出现就可以解决客户茫然无措的问题——通过善意诱导，为客户做出正确决策提供新知识，帮助客户完成选择。

话有三说，巧者为妙。销售人员的诱导方式，是整个销售环节的关键。能否让客户在交流之后做出积极的选择，就看销售人员驾驭语言、善意诱导的技巧如何。这与医生对病人运用心理诱导、科学诊断然后设计治疗程序是同样的道理。

（1）假设性的措辞能帮助你处于主动的地位，对你顺利地进入潜在顾客的心中有积极的作用。一定要相信自己销售会顺利，你可以问出类似下面这样的问题："如果您乐意的话，就将我们下次见面的时间定在……好吗？"或者"假如明天之前决定购买的话，可以享受 8 折优惠，您考虑一下？"

（2）其他建设性的语言也可以刺激潜在顾客的积极思考。比如："一旦您成为我们的客户，我们将为您提供……"

当然，语言的巧妙运用，首先需要销售人员对交流的环境和谈话的语言环境做到正确地领会；其次，销售人员必须重视自己谈话的底气和语气。

7. 理解不同个性

销售训练中的技巧和方法，都只是销售员促进销售的普遍手段。事实上，面对具体的客户对象，销售员必须擅长判断对方的性格类型，根据对方的个性特点来调整自己的销售策略。只有做到因人而异，对症下药，才能取得事半功倍的效果。

基于几百年来人们不断探悉人类性格构成的成果，根据个性差异，人们通常把人分成以下四个类型。销售人员必须针对不同个性类型，进行不同的销售。

（1）当你遇到果断型性格（冷静、控制欲望强、好胜心强、时间观念强烈、没有耐心、固执）的人，你的陈述或解说必须言简意赅，清楚地告诉他如果购买会给他带来很多的好处或优势。

（2）当你遇到直觉型性格（外向、忠诚、优柔寡断、时间感不强、与人交好）的人，你需要展示你热情、温和可信的人格魅力，舒适的情感比其他任何策略都有说服力。

（3）当你遇到幻想型性格（矜持、寡言、独立工作能力强、爱好阅读、不爱冒险、逻辑推理能力强）的人，你必须为你的销售进行冗长细致的陈述，给他提供大量的统计信息，以便他通过推理做出选择。

（4）当你遇到热情型性格（直率、具有创造力、喜欢被众人簇拥、果断、做事容易出格、情绪化）的人，你需要为你们的交流创造很多互动机会，热情的他会更加喜欢释放和参与。

此类分法，对于性格迥异的人类来说，并不非常准确，它往往是通过夸大某些特点来进行归类的。所以，具体情况，你还必须客观对待。

8. 用直觉解读他人

尽管人的直觉带有许多幻想成分，但它的产生依然是由于依赖于对客观事物的印象，才在某一时刻突然出现在脑际。客户虽然没有观察和分析到销售人员的言谈举止，但却能对销售人员形成心理上的判断，这就是客户的直觉作用。同样，销售人员可以凭借自己的直觉，通过解读顾客的非言语表现，对顾客的内心想法进行揣摩或了解。如果你愿意做出这种细致的精力投资，那你将获得丰厚的回报。

这里介绍几种常见的肢体语言及其含义。

（1）避开目光——表示心思没放在这里。

（2）微笑——表示感觉良好。

（3）上身前倾——表示有兴趣。

（4）低头——表示没有自信、紧张。

（5）手掌摊开——表示开放、诚实。

（6）搓手——表示算计某事对自己有利。

（7）摩挲脖子——表示灰心丧气、疲劳。

如果你养成了解读客户肢体语言的好习惯，你将拥有非凡的洞察力。

9. 剖析销售

唯物主义认知论告诉我们，万事万物均有规律可循。销售行为亦不例外。冠军销售员往往能有意识地找寻销售规律、掌握销售程序。与顾客交流时，他们清楚每一步应该怎么走，并能为每一个销售环节预备可行的推进方法，以此取得更佳的交流效果，提高工作效率。这种人性的、互动的销售程序是依据人的心理特性而建立的。它能更好地帮助顾客理解、接受新事物和新理念，所以，顾客通常都会欢迎销售人员以这种方式向他们介绍产品。

（1）以礼貌的态度和诚恳的心去认识他们。

（2）能很好地领会他们的需求。

（3）给他们以热情而专业的产品介绍。

（4）提供良好的售后服务。

如果你能够切实体会顾客的需要，那你就会明白怎样的销售程序才是适合此次销售行为的。

10. 组建人际关系网

经济越是发达，商品交易就越是频繁。这个规律促使销售人员的队伍不断壮大，销售行业的竞争日渐激烈。很多销售人员，就喜欢以这种现象解释他们失败的原因——最困难的事，就是每天无法找到足够的顾客来推销自己的商品。

每一个人都应该相信，在市场上顾客总是比销售人员多出很多倍的。正如同你必须相信,医生不可能比病号多。没有客源或者缺乏客源，只能说明你没有一个出色的人际关系网，你的社交能力极为差劲。

事实证明，优秀的销售员总是时刻在为组建人际关系网而努力，并且亲身实践着从前辈的身上学到的经验。

（1）随时随地准备与周围的人建立关系，并积极地向他们传播产品知识。

（2）借助朋友和亲戚的推荐，扩大交际圈。

（3）经常参加社区活动、俱乐部活动及其他商业活动，从这些公众场合找到更多有用的客户信息。

（4）经常运用"三步法则"，潜意识里把周围三步之内的人都当作客户对象，且主动与他们打招呼、交好。

事实上，很多新手有意地执行这些扩展人际的条例，在开始阶段定然伴随着不适、害羞和恐惧等不良感觉。而重要的是,你需要克服不良感觉，坚持这种做法。习惯之后，你会发现这种挑战带给你的将是更多的欣喜。

11. 获得尽可能多的约见机会

为了提高自己的销售业绩，销售员必须掌握高超的侦查技术，不断发现新的顾客，与顾客进行约见、交流，做成一笔笔的生意。虽然现代的通信技术可以使销售员通过邮件、电话的方式接触到顾客，然而有研究表明，人与人之间最佳的交流方式却是面对面的信息沟通。由此，得以引出销售过程中极其重要的另外一个环节——销售员与顾客的约见。我们可以想象一下，约见顾客就如同一个具有过滤作用的程序，约见之前混合着各种可能（拒绝、失败等等），而约见之后胜算的把握就大了许多，消极因素也去掉很多。与顾客的约见机会越多，就意味着这笔生意的成交率越大。为此，销售员必须通过各种努力获得尽可能多的约见机会，以取得实质性的销售进展。

（1）通过冒昧的电话，直接告诉对方可能会感兴趣的信息。但效果不是非常好。

（2）寻找与自己有着某种联系的清晰目标，从他们的理解中获得支持。

（3）直接接近决策者。虽然过程中会有一些障碍，但应该学会巧妙地绕过障碍物（比如决策者的助手）；见到对方首脑要开门见山，因为大多数决策者都没有耐心听取一个销售人员啰唆的陈述。

（4）接线员至关重要。打电话时，能否得到那头接线员的青睐，直接影响着你能否获得有价值的信息。

（5）如果知道决策者的名字，那就鼓起勇气，很自信地告诉接线员你要找这个人。这样，他会认为你是决策者一个很重要的老熟人。

一旦约见成功，销售员必须在精心准备（从着装到产品内容）后，大方、得体地准时赴约。

12. 克服恐惧被拒绝的心理

大家知道，心理力量对人的行为具有绝对的主导作用。著名意大利诗人但丁有句名言：走自己的路，让别人去说吧。他伟大的心灵受着自己信仰的主使，别人的非议或评价都显得微不足道，所以他创做出《神曲》。可见，成功者永远都不会是战战兢兢的胆小鬼。

能登山之高峰者，必不惧路之险恶；能跨江之激流者，定不畏水之湍急。若想得到"冠军销售员"的荣誉称号和丰厚的收益，同样必须克服内心的惧怕和紧张，通过一些科学的训练达到销售技巧运用的稳定、娴熟。

（1）大量的情景演示训练（每个礼拜 10% 的时间）必不可少，这是克服恐惧、解决销售难题的最好方法。

（2）想想那些伟大的、先苦后甜的人物，然后给自己永不言弃的精神和不畏艰难的勇气，去克服每一个销售障碍。

每一个梦想成功的销售员都必须铭记：没有人生来就具备成功的条件——圆熟的技能和巧妙的陈述，这只能用自己的汗水来换取。

13. 精彩的问候

以令人信服的精神面貌出现在顾客面前，使顾客的焦虑感减少，给顾客一种轻松自在的交流气氛，打好互相信任的基础，这就是一个销售员通过对顾客的问候所要达到的效果。

（1）销售员给顾客的第一件礼物应该是真诚的微笑，只有这样，顾客才有可能乐意接受最后的"礼物"。

（2）对待顾客不只需要注意力集中，目光中还必须带着你的自信和兴趣。

（3）手掌展开、掌心微微向上，有力地与顾客握手，但不能捏疼别人。

（4）热情地向顾客介绍自己，但要自然；比如，用上扬的声调告诉他你的名字："我叫汤姆·霍普金斯。见到你非常高兴。"

（5）利用一个问题，让顾客轻松地谈谈自己；比如，提起他最为得意的事，这样，他自然会提供更多关于自己的信息给你。

（6）挖掘共同话题，创造默契。

（7）对他的优点表示赞扬，但要适度；否则，别人会觉得你这人虚伪。

打好以上细微的铺垫，便可以转入正题了。当顾客对你说出"好"的时候，你便可以体验到一个精彩的问候的力量是多么巨大。

14. 需求鉴定

希腊著名哲学家、教育家苏格拉底主张以讨论问题的方式与人交谈，从而一步一步引导出正确的结论。这种方法被后人称为"苏格拉底方法"或"产婆术"。

如果你在对顾客的真正需求不甚了解的情况下，盲目地急于陈述自己产品的性能，那最大的结果就是顾客无法接受你的介绍和帮助。尽管你的产品很棒，但因为不能很好地解决他所面临的问题，所以你将前功尽弃，销售失败。因此你必须学会正确鉴定顾客的需求。具体的方式是怎样呢？苏格拉底已经告诉你该怎么行事：采用提问式的方法推进与顾客的交流，使顾客积极地参与你的介绍，接受你的鼓励，从而帮助你跨越销售环节中最困难的障碍、找到问题的解决办法或方案。

这种做法的优势在于，让顾客更有信心、更主动地向购买靠近。它截然不同于销售员一厢情愿的灌输，给顾客以主动的感觉。

需求鉴定的任务，不仅是辨别顾客已经意识到的需求、刺激顾客还没意识到的需求，而且还必须促使顾客心理上产生紧迫感，让他想买。

(1) 询问他以前用过的产品和当前产品最大的优劣势分别是什么，是什么让他决定购买我们的产品，他对你的产品最感兴趣的地方在哪儿等。

(2) 不仅要给顾客提供有用的信息，更重要的是关注顾客感兴趣的。比如，刺探他对价格的态度，让他知道你有着最好的售后服务等。要知道，对顾客每一点细小的探知，都有助于你最终得到他肯定的回答。

15. 排除竞争

排除对手，就是成全自己、让自己离成功更靠近一步。在销售人员向顾客展示自己的产品时，顾客很可能已经开始与市场上的同类产品进行暗自比较。面对这种情况，你能视而不见、避而不谈吗？不行。但是你必须采取欲擒故纵的策略，大方地给顾客做出详细介绍和比较，从而打消顾客的疑惑。假如你没有这样做，反而说竞争对手的坏话，只顾强调自己的产品如何得好，那你就等着顾客将你扫地出门吧！

竞争是残酷的，时间就是你在竞争中占据优势的资本。冠军销售员一致认为：最好的销售就是让顾客立即购买。拖延意味着这笔生意很可能被你优秀的竞争对手随后抢去。所以，需要再次强调揭示和强化顾客的紧迫感。价格是这个环节中最有效的武器，如果你能为顾客做出有效的计算，钞票的节省会让顾客为之动心。

从顾客身上得到的任何信息，都将是你参与竞争的法宝，不容忽视。只要将它们有条理地汇集起来并加以利用，再强的竞争对手也休想夺走你美味的蛋糕。

16. 强有力的展示

病人承受身心的折磨而向医生求救时，医生总是经过仔细地检查给出极为有效的治疗，从而使病人恢复健康。销售员在帮助顾客解决麻烦时，同样需要学习医生的治疗手段。训练有素的销售员知道，一味地向顾客强调产品就像不合格的医生一味地提醒病人的病情一样极其无聊甚至有害；只有从治疗疾病的角度（这样对病人的康复最为有利）为顾客考虑（怎样对顾客更有利），才会出色地完成产品展示，掌握顾客最乐意接受的销售方式。

强有力的展示的另外一个关键是有效地向顾客传递简练、可信度高和具有充分价值的信息，必须让顾客感觉到：他的利益，你是放在第一位的。同时，影响展示效果的还有以下几点技巧。

（1）尽量使你陈述信息的节奏与顾客的语言习惯保持一致，过快或过慢都可能让顾客不能很好地领会你的意思，甚至会使他厌烦。

（2）言语吐字要尽量含蓄、得当，具有轻松的气息或人情味儿，但需要有力度和激情；避免僵硬、拘束的词汇和疲软的语气，要做到既可以感染顾客、赢得顾客的尊重，又能轻松交流信息。

（3）尽量制造更多情景互动，让顾客积极参与讨论和产品试验，加深顾客的印象。

（4）必须避免常犯的错误，如急于求成导致顾客的不信任、忽略了销售过程中的某部分人、语言陈旧呆板，等等。

（5）最后一点，诚实可靠最为重要，你的职业道德可能决定了顾客对你产品的态度。

展示环节是整个销售过程中最核心的部分。它直接决定着顾客对下一环节的交流是否还有兴趣。

17. 异议预防

一般情况下，顾客对产品所关心的事项，总会在销售人员忙于陈述的时候突然提出。如果销售人员事先没有预料到这个问题，那他匆忙的解释可能并不能使顾客满意。所以，冠军销售员总会提前着手准备分析种种假设的问题，并将解决方案贯穿在自己的展示中，做到防患于未然。

而且，顾客虽然在倾听你的讲述、接受你的知识，但他的心里始终会有自己的盘算。如果他的想法是以直接提问的方式流露出来，你还可以通过解释来进行扭转或更正；如果只是隐藏在他的一个小动作里，你就必须留意、洞察他还未说出口的关心事项，在接下来的陈述中，针对性地解决他的后顾之忧。

18. 成交戒律

销售员不辞辛苦地进行准备、约见顾客，就是为了等待最后成交的一刻。那么，如何才能让你的销售活动顺利展开，且不至在最后关键时刻因为你的某些不当而使成交与你失之交臂呢？医生明明清楚手术的每一个程序，但如果太过紧张，就可能导致手术失败，危及病人生命安全。所以，销售员保证成交顺利的最好办法就是，通过情景演练克服心中的紧张和恐惧。

此外，足够的耐心也必不可少。因为，一个人在做出某些选择时，大脑往往需要消耗时间搞清利弊。

这两点都是销售员在明确接收到顾客的购买信号之后所必须注意的。顾客的购买信号，一般是他觉得对产品的型号、质量、价格都比较满意之后才会做出。它直接或间接向销售员表露顾客的购买意向，并试探着去涉及成交的其他条件。它或者是顾客直接的话语，或者是肢体语言的暗示。总之，需要销售员随时随地的关注。差劲的成交者往往是在这点上表现得过于疏忽，于是导致虽然成交但顾客仍然对这次服务表示不满。

19. 战胜最后的异议

当你与顾客最后的成交手续办完时，你觉得自己终于可以松口气了。但是，像某些历史剧的旁白一样，"其实事情还远远没有结束"。有些顾客为了确定自己眼光没错，总会向你提出异议。服务顾客是你的宗旨，所以你不能不耐烦，你必须运用平日训练所得的知识灵活地战胜这些异议。伟大的销售人员会经常以下面这些方法，为此次销售画上完美的句号。

（1）他们会认为这是顾客感兴趣的表现，首先对顾客表示理解，然后以丰富的经验（早已收集过这些常见的异议，并做了准备）去解决异议。

（2）他们可能将顾客的疑问进行巧妙地处理："很乐意为您讲得再详细点……"

（3）他们会引导顾客重新获得"嗯，是很划算"的感觉（包括回想策略和分摊策略）。

销售人员要克服顾客在成交后提出的异议，同样需要销售前期善意诱导的艺术，真诚地帮助顾客，使顾客觉得这样的购买不但非常有益、有价值，而且还能带来快乐。

20. 追踪现实和对追踪的恐惧

不管是你经由推荐建立新的销售关系还是维护已有的客户关系，持续的追踪都是极其必要的。如果客户得到了你的推荐但仍然没有回应，你就必须运用高超的追踪技巧，去捕获潜在的机会；或者你能经常与已成交过的客户保持联系，并且表示你乐意为他们提供出乎预料的服务。这两者都将显示出你具有优秀的职业道德、专业人士的风范。

（1）电话因为它的便捷和互动而成为销售人员追踪的最好方式。

（2）坚持，才能享受追踪的良好效果。半途而废，就是给竞争对手送去机会。

（3）写感谢信，是一种比较优雅的方式。获得顾客的称赞，是销售良性循环的开始。顾客的口碑是对你最好的宣传。

（4）为了防止新顾客的不满或抱怨，你的展示一定要带来愉快的交流气氛。还须记住，苏格拉底教给你的提问方法，能让你清楚地了解顾客的偏好。

（5）在任何时候，恐惧心理都是一个恶贼。你只有将它赶跑，才能拥有自己想要的东西或结果。

21. 推荐的竞争优势

无论是一个企业还是一个销售员，没有什么比很多人知道他更为重要。企业和销售人员都需要源源不断的顾客来支持他们。所以，宣传尤为重要。比起在报纸上占据整个版面、在街头树立巨幅的广告牌、在网上制作精明的广告语，顾客的任何口头推荐都将是更为经济、更为有效的宣传方式。

虽然不是每个人都会购买你的产品，但他们的关系网将会为你带来大量的有此需求的人——潜在顾客或顾客。当然，这需要你的诚恳和不懈努力。

（1）完成一次交易时，告诉顾客："很乐意为你和你的朋友继续服务。"

（2）通过恳请老顾客，获得一份推荐名单；展开新一轮的追踪和拜访，提供优质服务。

22. 冠军销售员对未来的展望

奇迹往往只青睐于那些有所准备的人。无数人士的成功，都验证了这个观点。只有学会制定目标、清晰地界定方向与能力并且坚持执行下去，你才会取得出类拔萃的成绩，成为顶尖级的销售人士。一个伟大的冠军销售员一定是一个伟大的目标设置者。你应该做到以下几点：

（1）写下清晰的，在时间上、数量上都是可以度量的目标计划。

（2）你的所有目标并非天马行空的想象，而是有现实根据的。

（3）单位时间段内的计划任务，必须完成。

（4）努力让你的数字增长。销售日记上的数字（清晰地显示着你与潜在顾客达成交易的概率），是最有说服力的回报，它将促使你不断寻求挑战。没有什么可以阻碍你向更远更美好的未来展望，怕的只是你没有一颗顽强的心。

23. 时间安排

时间是一切事物存在的前提，如果你做到合理利用，将收到事半功倍的效果；反之，只能丧失机会、业绩和成功。销售人员明智地安排时间，不但可以免去许多不必要的麻烦，还可以获得精神上的充实、有效地提高销售业绩。

合理地安排时间，需要做到以下几点。

（1）制订详细的计划（时间、区域、任务以及每月计划一览表）。

（2）随身携带计划工具（确保带着电话目录）。

（3）确保办公环境的整洁。

（4）只有你的顾客量完全能够保证你的目标收入时，你才不必花大量的时间去寻找新客源。

井井有条的时间配置，使全新的生活从你认真执行的那一刻开始。

24. 冠军销售员的自我分析

冠军销售员总是如同一个喜欢挑战的将军。战场上没有永远胜利的将军，销售行业也没有次次获胜的销售员。战败的将军通常会反省自己的指挥艺术，以求下次力挫敌人；偶尔受挫的冠军销售员同样会客观评估和思考自己的不足，以建立更加稳固的顾客基础。

事实证明，许多进步都蕴藏在对过去的反思中。销售日志不仅是销售员的进步标尺，每一次约见都会上升一个刻度，它还充当着为销售员发现销售问题、寻找新客户的有效追踪系统。

任何一个行业，所有成功的人，都是由自身勤恳的生活态度与无比顽强的信心共同造就的。

《定 位》

［美］艾·里斯　　［美］杰克·特劳特　著

◎ 简 介

自营销理论在 IBA 公司诞生以来，随着市场环境的风云变幻，营销领域的各种理论层出不穷。而"定位"理论则是其中具有划时代意义的经典。

该理论的两位创立者——艾·里斯与杰克·特劳特，在 1972 年应美国《广告时代》杂志之邀，以营销和广告新思维讨论为主题撰写了《定位的时代》同题系列文章。这些文章跳出了营销界一贯的思维方式，以其全新的视角为众多公司的广告和传播营销带来了新的曙光。文章刊载之后，整个营销界为之轰动。

1981 年，艾·里斯与杰克·特劳特将系列文章进行整理和完善，出版了《定位》一书。

之后，该书成为许多公司管理者的案头必备，"定位"理论也成为营销界人人谈论的热闹话题。即使是大卫·奥格威的品牌理论和科特勒的消费者价值"让渡"理论，也难夺其光彩和魅力。

《定位》一书的经典不仅在于打破了人们对传统营销和广告的迷信，还在于开创了营销理论全面创新的时代。两位作者认为，定位无处不在，小至一个产品大至国家都可以通过定位实现其价值。这从根本上拓宽了传统营销理论的范畴。

本书讲述的"头脑中的小阶梯"、"心理占位"、"3 个营销时代的划分"、"领导者的地位"及"延伸品牌线的陷阱"等观点都是两位作者新思维的表现。

2001 年，"定位"理论被美国营销学会评选为有史以来对美国营销影响最大的观念。

《定位》一书的成功让两位作者从广告业淡出，成为纯粹的营销战略专家。该书出版 15 年之后，该书作者之一杰克·特劳特与史蒂夫·瑞维金合做出版了《新定位》一书。该书主要从解读顾客的角度对"定位"理论作了一定补充和深化。

杰克·特劳特目前是特劳特伙伴公司的董事长。该公司是美国最有威望的营销咨询公司之一。

◎ 原书目录

◎ 思想精华

当代社会传播泛滥，只有正确定位才可能为你的产品或服务找到忠实的接受者。

* 关于定位。定位无所不能：对于产品、个人生涯、公司、政客

及国家，它都适用。定位通过改变预期客户头脑里已有的想法，可以帮助你走向成功。

* 大脑备受骚扰。传播横行，导致传播渠道不能畅通，人们真正接受的信息不是极少就是无效。

* 进军大脑。成功的本质就是在恰当的时候对恰当的人说恰当的话。定位可以帮助人们做到这一点。

* 脑中小阶梯。如果想让你传递的信息被对方接受，你首先必须了解人脑以何种方式接受外来信息。

* 不能由此及彼。不能做到由此及彼，盲目地向强大的竞争对手发起进攻，就会几乎无一例外地遭遇失败。RCA 公司在计算机业的失败足以证明这一点。

* 领导者的定位。先发制人的道理任何一个领导者都应该明白。抢先一步占据有效位置，是大多数公司成功的惯用招数。

* 跟随者的定位。跟随者由于没有领导者高高在上的优势地位，因此可能错误地采用仿效的方法。但明智的跟随者却选择占领人们大脑中的空白地段。

* 给竞争对手重新定位。尽管竞争对手已经占据人们头脑，但对它重新定位仍然可以给你带来可乘之机，创建空挡。

* 名字的威力。听觉可以刺激人的联想。因此，最能发挥威力的营销决策就是给你的产品取一个好名字。定位时代，名字能为品牌或产品带来巨大吸引力。

* "无名"陷阱。大多数公司高层以为人们对他们公司的简称像他们一样了解，其实不然。事实证明，公司使用全名效果更佳。

* "搭便车"陷阱。复方阿尔卡—塞尔策的例子告诉我们：后来产品不能借助一个著名品牌的广告将它的知名度树立起来。

* "产品延伸"陷阱。产品延伸使人们头脑中清晰的品牌形象变得模糊，它不利于通用性品牌名称。但反产品延伸，却总能收到意外的好效果。

＊ 产品延伸用于何种情况。虽然产品延伸被称为"陷阱"，但其并非一无是处。比如，在预期销量较小、对手云集、非创新产品等情况下，它也会产生益处。

＊ 公司定位案例：孟山都。如同个人、产品一样，公司也需要定位。孟山都公司正是对自身作了有效定位，才成为化学工业领域的佼佼者和代言人。

＊ 国家定位案例：比利时。如果你的公司面临着与萨比纳比利时航空公司相同的问题，那么国家定位胜于一切。

＊ 产品定位案例：奶味糖豆。比阿特丽斯食品公司奶味糖豆的成功，足以体现：解决定位问题的方法真正藏于预期客户的头脑而非产品之中。

＊ 服务定位案例：邮递电报。除了一些技术处理上的区别（比如，产品强调画面要素，而服务强调文字要素），产品定位和服务定位没有多少差别。

＊ 关于银行定位。地域性是给银行定位必须考虑的首要特点。只有定位人员对该银行所在地区业务环境了如指掌（定位），银行的服务才能让广大预期客户满意。

＊ 关于天主教的定位。宗教定位，同样需要回顾过去、寻找存在的基础。公司要找出自己的业务基础，而宗教也要对自身的现代作用给出明确答案。

＊ 给你自己和你的职业定位。推销自己的产品或服务不如推销自己。推销自己首先应该回答"向谁提供"和"提供什么"这两个问题。能否给预期客户留下清晰的印象，对你和你的职业走向成功会产生很大影响。

＊ 成功的 6 大步骤。这 6 个步骤能助你理清思路，得出客观、正确的结论。

＊ 定位游戏的规则。不愿意打破常规，你就无法领会其真正含义。

◎ 核心内容

1. 关于定位

创新，并不是定位所提倡的。当今市场上产品或服务无论是类别样式还是营销方式，都已琳琅满目，让人目不暇接。在这种条件下，要想靠创新来出奇制胜，几乎没有可能。如果你要成功，就必须从人们脑海中早已存在的各种东西着手。

传统的宣传和营销方法不能认识到这点，因此失败的教训很多。定位则能解决这种传统战略在市场上失效的尴尬。导致这种转变的原因主要有三点。

（1）在现代信息技术的支撑下，传播泛滥。各种各样的信息或多或少呈现出失真的现象。人们对广告的反应能力迅速下降，对待广告的态度变得冷淡。

（2）人的大脑容量丝毫没有增加，但通过各种途径传播的信息量却膨胀极快，而且不能实现有效传播。

（3）信息繁杂，人们不易接收。大多数营销传播者不了解预期客户最容易接受什么样的信息。

出色传播者不但知道信息如何简化、设置有用信息，而且懂得从外向内（从预期客户到传播组织）看待问题。定位人员寻找解决问题的方法时，不会把注意力集中在产品或服务本身和自己空洞的思考上。他们会把预期客户的观念当作现实来接受，在重构观念、分析客户的过程中获得答案。

2. 大脑备受骚扰

目前，传播渠道的发展远远不能满足信息量的扩张，庞大的信息队伍在各种传播渠道上拥挤不堪，出现严重的阻塞现象，以至于真正到达传播对象的有用信息量大大减少，或者大量有用信息中途丧失，或者无效信息频频骚扰人们的正常生活与工作。

信息传播之所以不力，主要是由这三种商业趋势所导致。

（1）现代生产技术不仅使用来满足我们的物质产品在数量和类别上成倍地增加，而且各种精神需求方面的产品也发生爆炸。信息混淆导致信息流失。

（2）媒体数量激增。竞争和哄抢成为它们存在的主要方式。

（3）各行各业都想利用广告宣传而有所作为，促使广告人员和广告数量不断上涨，广告效率下降。

当今事实是：传播越多，有用信息越少，杂乱无章成为信息传播的最大特征。预期客户无法轻松简单地接收信息，众多公司和其他组织自然不能获得预期效果。

3. 进军大脑

成功的本质是在恰当的时候为恰当的对象做了恰当的事。

以往人们只热衷于强调传播信息的重要性，至于怎样传播、传播什么，却做得并不好。定位论者认为：任何的传播都应该服从于信息交流。这种观念、思维上的互动能帮助人们找到通向成功的窗口。通过这个窗口，我们能看到适合传播的环境和有利的传播时间。要实现这点，我们必须认清几个现实。

（1）"第一"是最容易成为永恒的。捷足先登非常重要。

（2）被别人抢了风头并不可怕，可怕的是你不懂如何在屈居的位置上冷静处理所有问题。

（3）市场混乱的影响，不是靠好产品、好计划、好创意就能让广告行业重现当年雄风，如同一个伟大的作家仅仅靠才华和品德根本就不够一样。

（4）产品时代成为过去，特色和利益营销对人们已经无能为力，定位才是广告甚至传播营销走向成功的关键。

定位正确，即是如此——即使他不是第一个发现新大陆的人，但他一生仍然获得了巨大成功。

4. 脑中小阶梯

脑中小阶梯这个概念强调人脑在接受产品信息时会自动生成类别的特性。

先入为主和观念转变等现象足以证明人脑的信息接收和储存有一定规律可循。为了更好地了解预期客户,研究人类大脑的这种规律很有必要。

(1) 自然缺陷。人脑思维异常活跃,但它的计算能力、储存能力显然不如电脑。

(2) 人脑中存在自然防御系统,它拒绝接受与自身内部现状不相称的信息。

(3) 广告者要想改变人们脑海中已经形成的产品或品牌阶梯,唯一办法是挤掉已有品牌、提高自身位置。这个过程,实际上困难重重。

只要能认识到以上几个事实,客观的定位必然能在低迷之中给你带来黎明的曙光。

5. 不能由此及彼

商场中的战争,经常让人始料不及。当 1970 年所有的商业报刊大肆渲染 RCA 公司的全面进攻足以给计算机行业的龙头老大 IBA 当头一击时,谁会想到一年之后 RCA 将要遭受灭顶之灾?

定位失败是其全军覆没的根本原因。IBA 绝对的优势地位让众多蠢蠢欲动的挑战者都差不多粉身碎骨。为什么?因为这些挑战者忽视了 IBA 的强大。

真正的挑战者不但会认识到这种客观的差距,还会利用自己的优势业务在顾客头脑中占据的地位,在新涉及的行业中确定新位置,从而保证利润稳步上升、业务规模稳步扩大。

这种思维被艾·里斯和杰克·特劳特定义为"由此及彼"。

6. 领导者的定位

市场竞争激烈,抢先一步是未来决胜的关键。1923 年 25 个位居行业第一的品牌，到 2000 年左右只有 3 个从领先地位掉下，其他的则仍然稳居领导者的地位。可见，这些成功公司的巨大成就除了善于营销领导之外，还有占据第一的众多优势。

领先者通常都会拥有绝对大的市场份额，与最大份额相对应的就是最高的利润率。这种优势强大的惯性可以让它保持很多年的顺利前行。

在这种优势保障下，领导企业只有利用其短期的灵活性不断进行符合时代要求的革新试验，才能确保未来的长期稳定。这种方法就是保持领先的战略。

但是作为市场领导者，只吃老本可能也会遭遇很多大的挫折。

如果一家领导公司在其先进的营销基础上，没有在新产品类别中坐上头把交椅，那么不断角逐中，它在新产品上很可能遭受惨败。在这点上的教训，包括可口可乐、柯达在内的很多知名大公司都曾尝到过。

此外，沉着（没有必要到处高呼"我是第一"）、谦虚（兢兢业业，铭记自己在人们心中树立起品牌的第一次承诺）、警惕（竞争对手的任何反应，你都不能嗤之以鼻）和高瞻远瞩（考虑未来的不安定因素，并尽早消除）这些人类的特性，领导公司也应该具备。

7. 跟随者的定位

领导者毕竟是极少数，更多的则是跟随者（就是占有市场极少份额的那些公司）。跟随者没有领导者的众多优势，靠别出心裁直接争夺领导公司的份额几乎没有可能。因此，最适合跟随者生存和发展的环境只能是小块市场和缝隙。

很多处在跟随者位置的公司，容易陷入这样一个陷阱：他们总是想着趁该行业还没有绝对领导者、所有竞争者暂时势均力敌的机会，利用产品优势在局势不明之际突然全面出击,确立领导地位。表面上看，这是打破现状、找到更大市场入口最可行的方法。事实上，这却只是他们的一厢情愿。

那么，众多跟随者还有没有可能在预期客户的头脑中确定一个稳固的位置呢？答案是肯定的。

领导者再怎么强大，它的业务也不能覆盖整个市场。市场上总有"空子"可供跟随者去钻的。这里所谓"空子"强调的是人们头脑中的缺口而非工厂或产品缺口。

寻找和开掘"空子"是追求进步的跟随者常用的一种有效战略。而某些营销者坚持的"技术至上"和"让人人满意"的观念，因为有悖定位原则所以通常都会招来破产之灾。

8. 给竞争对手重新定位

没有竞争，公司就丧失了进步的动力。竞争者既是值得欣赏的朋友，也是必须警惕的对象。公司忽略竞争者，等于采取了自杀性战略。定位作为一种全新的指导战略，它对竞争者有独特的审视和看法。

放眼各个商场货架，同类商品成千上万，众多公司竞争的激烈程度几乎让人难以想象。你要想脱颖而出、成功打入并占据人们的头脑，如果没有面对竞争的足够勇气和胆量，那一切免谈。因为这种争夺要求公司必须从根本上动摇甚至推翻现有的消费观念、产品在市场上和预期顾客头脑中的统治地位。

当旧理念被后进者从神坛推落，辉煌不再的时候，人们还有什么理由不去接受新理念呢？

"给竞争对手重新定位"是实现这一宏图最基本的营销战略。它的目的就是通过重新定位对手，创建新空档。

采用这种战略成功突破竞争关口的案例数不胜数。这些案例中不但有泰诺对抗阿司匹林的好戏，更有尼克松等政客之间的角逐。总之，凡是存在竞争的地方，"给竞争对手重新定位"这一战略思想都有其用武之地。

在给对手重新定位的过程中，经常出现互相诋毁的现象。此现象已引起传统广告界人士的强烈不满，他们希望法律能够提供一些约束。

9. 产品名字的威力

名字对于产品或品牌的重要性与人比较有过之而无不及。十分通用或者异常怪僻的名字都很难给人留下深刻的印象。前者因为太过大众化、毫无独特之处，后者则因为绕口难懂、没有人愿意为此浪费时间。

在定位时代，如果你的产品有一个好名字，它自然也就拥有某种花起名牡丹之后的那种高贵和魅力。一个有分量、意义深远的描述性名字不但容易侵入预期顾客的脑中，还可以防止竞争对手的模仿和挤对。它可以为公司带来长期成功的好运，因此值得你信奉。

定位不仅强调公司"所处市场位置"，它还包括公司战略或计划执行的"时机位置"。这种时机把握除了"此时应该取什么名字最为有效"之外，还有以下注意的地方。

（1）名字也可能过时，反应敏捷的竞争对手会立刻占据这个空子。

（2）假如你的产品是第一个打入人们脑中的同类产品，名字的重要性可能会被产品的新颖和功能削弱很多。

以上两点同样突出了时机的分量。

名字是一个综合体，好坏不能片面理论。它还有其他要素值得广告营销人员注意：是否隐瞒了产品瑕疵；是否容易引起人们不好的联想；是否流露出歧视，等等。

10. "无名"陷阱

这个讨论是关于简称的。"无名"陷阱也可以称为"简称"陷阱。

公司起名首先是从视觉效果和听觉效果的角度考虑的，其次才讨论其内涵或如何激发预期顾客联想。要实现名字的目标效果，只有使用全名才可能达到。除非你的产品或品牌已经成名于世，简称才不会影响人们听到的效果。这个道理连政客们都很明白。因此，犯了这样的错误，简直不能原谅。

如果你的公司还没有坐上老大的位置，使用简称坏处至少有两条，且每条后果都不堪设想。

（1）简称通常让很多人产生理解上的歧义。这时，如果竞争对手做得比较好，人们就很可能选择形象比较清晰的产品或品牌。

（2）影响公司知名度。研究者在《财富》500强中发现：相比使用简称的公司，那些使用全名的公司知名度要更大一些。

一般情况下，人们只有熟悉了公司全称之后，才可能以同样的态度对待简称。

定位并非一朝一夕之功，它是一个极其漫长的过程。如同今天播下一颗种子，也许需要耐心等待很久，它才会开花结果。

11. "搭便车"陷阱

为了节省大笔广告费用和降低新产品上市的风险，很多公司的营销者喜欢"搭便车"，即让新产品借助一个著名品牌的知名度或广告效应进入市场。殊不知，许多公司恰恰因为这招而马失前蹄或同室操戈。

当今市场各个行业竞争异常激烈。为了在竞争中防止垄断现象的出现，许多企业开始走出联合这一步。联合公司往往不会专注于某一个行业，凡是有利可图的领域，它们的生意触角都会伸去。业务范围的不断扩大，要求他们必须为新领域产品建立高的知名度、打造产品品牌。究竟是用老牌子还是新名字？公司在这个时候很容易掉入"搭便车"陷阱。

"汰渍"、"奇尔"最终使宝洁公司名利双收，是"另起新名字不用老名字"产品定位的成功典范。

但如果某公司用一个名字表示两种毫不相干的产品，站在预期顾客的角度看，行吗？我们先试想一下：如果一个名字代表两个人，那会闹出多少笑话啊！同样，产品混淆也让人非常恼火。正如跷跷板所示原则：一个名字无法表示两个产品；一端上来，另一端自然会下去。

然而，事实也有例外。假如你的公司早已像通用电气那样深入人心，假如你保证在新领域里你是第一个亮出牌子的人，假如你懂得避开毫无优势可言的业务，那么即使你违反了定位的很多原则，你也仍然可以成功。这就是财大气粗的公司处于领导地位所享受的市场优惠。

可见，"搭便车"只是陷阱，并非对每个公司都是灾难。有绕开的，也有压过去不碍事的。

12. "产品延伸"陷阱

海尔公司有了海尔冰箱，随后就有了海尔空调、海尔电视等产品。这样的现象就属于产品延伸。所谓产品延伸，是指公司把一个现成产品的名字放在一项新产品上。在过去10年的公司产品结构调整中，产品延伸是最重要的调整动向和方式。

尽管产品延伸已经被各种规模、各种行业的公司认可且频繁使用，但大量事实证明，这并不是明智之举。

许多公司在产品延伸上犯的错误与他们"搭便车"的观念脱不了干系。他们往往在产品延伸之后，想借着通用名称为公司省去拟定新品牌战略的麻烦。但实际上，这样做只能使通用名称在预期顾客脑海中的形象越来越模糊，也就是使品牌深刻度降低。公司应该把通用名称在顾客身上产生的效果作为是否启用通用名称的重点衡量标准。

如何走出"产品延伸"这一陷阱呢？其关键还是定位：用产品的品牌名称代替泛化的通用名称。比如，人们经常说"汰渍"、"奇尔"（宝洁公司的两个产品品牌），但几乎没人会说"宝洁"。

13. 产品延伸用于何种情况

产品延伸如此流行，自然是它能给众多公司带来一定优势。定位论之所以基本上对它持否定态度，是因为它对公司长期发展极为不利。那是否有一些特定情况，可以让它为公司创造真正的益处呢？答案是肯定的。

（1）如果该产品投资和产量都不大可以用，对于有获胜把握的产品不能用。

（2）如果该领域竞争异常激烈可以用，不存在竞争的领域不能用。

（3）如果品牌的广告预算小可以用，广告开支大不能用。

（4）如果是普通产品可以用，创新产品不能用。

（5）如果是上门推销的产品可以用，非定做产品不能用。

既然称产品延伸为"陷阱"，那公司运用时应该谨慎、遵守行事规则。

14. 案例分析

定位无处不在。对于个人职业生涯、产品上市、政客竞选甚至公司收购，都可以采用定位方法。这一小节，我们主要进行实际案例分析。只有加强它与实践的联系，我们才能掌握它的要领。

公司定位案例：孟山都

公司在很多时候也会扮演商品角色。不管是购进还是卖出，给它进行有效的定位通常有益无害——除非定位失误。现在，让我们看看孟山都公司当年经历了怎样的风雨才走到今天的位置，定位又起了什么样的作用。

孟山都的公司定位方案从定义开始，而后一步步地落实于行动。

目标定位。确立公司奋斗目标——成为该行业的领头羊和代言人。

行业定位。其产品虽然有一定优势，但胜不过杜邦；业务领先，但无法避开当时许多公司蠢蠢欲动的时髦领域；最终孟山都决定逆潮流而上，顶着人们狂热的反化学品情绪为化学品辩护。

广告定位。孟山都决定以"如果没有化学用品，生命自身将无法维持"为主题斥巨资进行宣传，它教会人们客观地看待化学品的两面性。

以上是孟山都公司最关键的三个定位，后来的事实证明了它的决定是对的。1976年之后，理性的风吹散了人们针对化学品非理性的骚动，公众对化学品的支持率迅速上升。孟山都公司在这场转变中大获人心。1979年《商业周刊》以一篇《重树化学品的形象》给了孟山都公司最高的褒奖。

从此，孟山都公司的形象深刻在人们的脑中，它获得了让竞争对手望尘莫及的优势。

产品定位案例：奶味糖豆

比阿特丽丝食品公司推出新产品"奶味糖豆"时，是如何进行产品定位的呢？

首先，给"奶味糖豆"定位——公司将其品牌定位成优于棒状糖的产品，并设法让竞争对手几百万的广告费用为自己宣传。

其次，给竞争对手定位——盯住对手产品让顾客最不满的地方。以对手的弱点作为"奶味糖豆"进入顾客脑中的缺口。

比阿特丽丝公司将"抗吃"作为"奶味糖豆"的最大宣传点，这点迎合了孩子对棒状糖果的不满之处。因此，销售业绩一跃而上。

这个例子让我们再次意识到：真正解决定位问题的方法不在产品中，而是在预期顾客的头脑里。

服务定位案例：邮递电报

1970 年，西部联盟公司与美国邮政局共同开发了最早的电子邮件——邮递电报，并在波士顿、芝加哥、休斯敦、洛杉矶、费城和旧金山等 6 个大型通信中心进行试营。服务同产品一样，有效的定位仍能带来巨大成功。那么该案例中，是怎样进行定位的呢？

在该项服务宣传初期，西部联盟通过比较邮递电报和老式电报，将该项服务定位为："邮递电报：少花钱也能发电报。"

之后不久，西部联盟公司参照美国邮政的普通邮政业务又推出了第二个定位主题："邮递电报：传递重要信息的新型快速服务。"

任何服务、宣传，如果想使之成功打入预期顾客的头脑，你必须把已经树立品牌的东西同它连接起来。以上两个定位在这点上都做到了。但究竟哪个更好呢？为此，公司进行了大量的调查和试验，得出结果：前者，即宣传低价位电报的定位稳步胜出。

以后 8 年中，西部联盟公司因为一直坚持"少花钱也能发电报"的定位概念，其营业收入翻了二十几倍。

关于长岛一家银行的定位

定位的必要前提是熟悉定位对象的存在环境。长岛信托公司称霸长岛地方银行业多年。在20世纪70年代，它陷入了一场前所未有的困境——长岛银行市场开放，花旗、哈顿等各大银行一拥而入，竞争异常激烈。

面临业务大量流失，长岛信托决定制订定位计划。

调查表明：在与具体银行打交道的基本依据的四项（营业点多；

服务项目齐全；服务质量好；资本量大）里，长岛信托全部处在最劣势；而在专门针对长岛具体情况的两项里，长岛信托均占据首位。

于是，长岛信托确定定位主题："只有长岛信托才真正属于长岛"。它立足于长岛，激发预期顾客的乡土感情。

15 个月之后，调查结果证明长岛信托定位成功。有效的定位理念并不一定复杂，有时，它就这么简单。

关于自己和自己职业的定位

人不能脱离社会，就像商品不能脱离市场。产品因为定位准确而能卖个好价钱；相应地，个人对自身定位独到，便能实现更大的社会价值。

选定某个概念，把它与自己进行联系。不要害怕选错，没有人不经历失败，没有人能一下子在生活中找到自己的位置。

要一匹马而不是舞台。舞台上的你仅仅只是短暂的点缀，而马背上的你是所向披靡的骑士。

15. 成功的 6 大步骤

成功的准则往往都是说起来容易、做起来难。当我们把定位方法讨论到这里，你是否觉察到"定位问题问起来容易，回答起来难"？当一个真正的定位项目摆在你的面前，你该如何思考它、开展它？

如果你能够领会、愿意遵守下面这 6 个步骤，相信答案会在你反省、分析的过程里水到渠成。

（1）找出自己所处位置。从预期顾客那里寻找，预期顾客脑海中的现状最能为你明路。这是长远之计，而眼前私利需要舍弃的必须舍弃。

（2）确定自己的目标位置。这是长期战略目标，但不要净想那些已经被别人占据的位子。记得"第一个"的警告。

（3）圈定适当的竞争对手。不要与遥遥领先的公司直接对抗，去找别人还没有牢牢占据的位置，拼力拿下它，以图壮大。

（4）拥有充足的资金。要想占据人们头脑中的一席之地，离不开资金的支撑；保证地位不被动摇也要花钱。

（5）坚持战略。战略堪称公司长久的生命，你可以赋予它新的战术，却不能改变。也有个别例外，但那叫奇迹。

（6）反省自身精神是否与自身地位相符。审视定位思维是否限制了你的创新精神及是否不利于你的地位。

只有你认清自身处境，好好地掌握这些问题，优势的解决方案才能诞生。接下来是广告宣传。很多公司喜欢把命运交给广告商，他们想利用外人的"客观性"。这种"客观性"能较为准确地揭示预期顾客头脑里的具体情况。但我们同时应该理智地看到：广告商被人称道的创意并没有什么魔力，它只有在产品优势、地位优势及战略优势的条件下才能发挥作用。

16. 定位游戏的规则

在这个竞争激烈、商品繁杂的当代世界，要想获得成功，靠大众化意识和僵化的思维根本没有可能。游戏定位需要全新的规则。

（1）必须学会创造意义。很多词汇本身没有奇异之处，但将它们附于一种产品或服务上，其魅力顿时显现。关键是我们有勇气打破那些条条框框的束缚，以艺术的眼光去定义它们。

（2）学会理解预期顾客，而不是等着他们来适应你的想法。这样，只能坐以待毙。

（3）以谨慎态度对待变化。任何在全面了解之前得出的结论都是谬论。

（4）要有高远而独到的眼光。跟着大众跑或者只顾眼前利益，最终都没有好的结果。正确定位方向是滚滚潮流中最好的出路。

（5）定位离不开积极进取的勇气。尤其是创新，没有勇气等于给竞争对手留下战胜你的空子。

（6）不要拒绝客观。一切的虚荣都是对真相的掩盖。产品好坏不是你说了算，而是顾客或预期顾客说了算。

（7）不要把简单问题复杂化。一目了然，是问题正确答案的最大特点。没有人喜欢啰嗦。

（8）精明可以让你有进有退。心浮气躁断你后路，畏畏缩缩没有前路。

（9）必须要有耐心。耐心就是机遇。这里不能让你的品牌成功，那里未必就不是你的天下。

（10）放眼全球。你把眼光只放在巴黎，就会忽略纽约和上海。

（11）从不忽略对手。对方地狱的门，也许就是你天堂的窗口。

（12）明白自己所需。市场份额和销售量确实重要，但更重要的是利润。

当然，这些观点并不打算否定人们的传统观念和现成的准则。但在定位时代，你若不明白游戏的基本规则，就只能被淘汰。

《差异化或死亡》

[美] 杰克·特劳特　[美] 史蒂夫·里夫金　著

◎ 简 介

在 1972 年出版的《广告时代》系列丛书中，市场营销顾问杰克·特劳特和史蒂夫·里夫金共同提出了一个全新的市场营销概念——定位（positioning，简称为 P）。所谓定位就是指一种产品的成功与否取决于顾客如何看待该产品，或者产品在顾客心目中如何定位。

杰克·特劳特和史蒂夫·里夫金认为，定位是对信息过剩或者"传播过剩社会"的一种反应。他们认为消费者接受了过多的营销信息，以至于很难有机会了解到某种特定的产品信息。这种情况在因特网产生之前就已经出现。

在传播过剩的社会中，生产厂家或公司最好对消费者采取一种具有很强目标性的集中营销方式：选择特别的并且可以给人留下深刻印象的信息，并将其传达给消费者。

几年前，杰克·特劳特同史蒂夫·里夫金合著了《新定位》一书，书中就定位的概念提出很多新的见解。特劳特也探讨了差别化 (Differentiate) 的问题，认为市场营销的核心是向顾客传达你的商品同竞争商品相比有何新奇之处。虽然他没有直接使用"差别化"一词，但是这个概念已经体现在他早期有关定位概念的著作当中。在他早期的著作中，他力劝公司不仅要看到自己的优点，还要发现竞争对手的缺点。

本节内容浓缩了《差别化或死亡》一书的主要精髓，在该书中作者详细介绍了差别化这一概念。《差别化或死亡》一书并不是一个理论宣言，而是详细介绍了八种"差别化"策略以及产品实现同竞争产品差别化的四步骤。

杰克·特劳特是特劳特咨询公司总裁，该公司是著名的市场营销公司，总部设在康涅狄格州的格林尼治，并且在 30 多个国家设有办事处。特劳特和他的伙伴们曾经担任过 AT&T、IBM、汉堡王 (Burger King)、美林集团、西南航空等很多世界 500 强企业的顾问。

特劳特和他的合作伙伴阿尔·里斯合著了经典著作《定位：头脑的战役》，该书于 1980 年出版。除此之外，特劳特独自撰写或与他人合著了很多书籍，包括《营销战》和《22 条商规》。

除了《差别化或死亡》和《新定位》外，史蒂夫·里夫金同特劳特还合著了《简单的力量》。里夫金个人拥有里夫金传播咨询公司，总部设在新泽西。他早期曾在特劳特·里斯公司工作了 14 年。他最近出版的著作是《名字的构成》（牛津大学出版社，2004）。

◎ 原书目录

1. 商品选择的残酷性
2. 淘汰旧观念，重新确立独特的销售观念
3. 并非差别化的因素
4. 差别化形成的四步骤
5. 八种成功的差别化策略
6. 差别化中的增长和代价
7. 在不同的地点与众不同：五条定律
8. 谁是进行差别化的负责人

◎ 思想精华

促使一个公司或一种产品在不断加剧的竞争中立足的因素是什么？这是杰克·特劳特在 30 多年为世界 500 强企业提供营销顾问工作中所要回答的问题。为了帮助读者制订出可以在激烈竞争中脱颖而出的可靠策略，他在《差别化或死亡》一书中对这个问题进行了详细讨论。

* 商品选择的残酷性。今天的市场上有近百万种品牌的商品，消费者面临着更多的选择机会。公司必须向消费者提供在其购买时所需要的工具，以便让他们能选择自己的商品。

* 淘汰旧观念，重新确立独特的销售观念。为了重新确立独特销售主张（USP）和将自己的商品同竞争商品进行差别化，公司必须放弃完全基于商品本身的差别化，而以一种真正可以使消费者接受的方式吸引他们。

* 并非差别化的因素。一些差别化策略看似有效，但是对于一种产品或一家公司而言，所要付出的精力远远超出实际的需要。

* 差别化形成的四步骤。特劳特将差别化策略的形成分为四个步骤。

* 八种成功的差别化策略。差别化策略实际上同创新或者想象以及用逻辑方式吸引消费者的联系不大。特劳特提出了八种有效的差别化策略。

* 差别化中的增长与代价。通过鼓励公司分散产品线来寻求消费者购买所带来的增长会抹杀差别化。特劳特详细介绍了为什么要避免采取分散型的增长方式。

◎ 核心内容

1. 商品选择的残酷性

在今天，将产品进行差别化比起历史上任何时期都更加具有挑战性。我们的原始祖先只想知道："晚餐吃什么？"答案很清楚：凡是可以捕猎和带回山洞的东西；"吃牛羊肉还是吃鸡肉？"只有一种选择。那个时代就是这么简单。

今天，一个超级市场中一般会有 4 万种品牌的商品，单单一类商品消费者就有大量的选择余地。这个数字仅占美国市场上 100 万种商品的很小一部分。最有趣的是，一个家庭中 80% ~ 85% 的需要只来自于 150 种商品，这就意味着有 3950 种商品被消费者忽视了。

导致商品选择出现的原因是分类定律，一种类别起初是一个整体，随后被分成其他类别。以电脑为例，起初它只是作为一种类别的商品出现，随着时间推移，这一类别被细分为大型计算机、微型计算机、个人电脑、掌上电脑、笔记本电脑以及其他等。

商品可选择性地爆炸性增长导致各个产业体系需要致力于帮助消费者做出选择，无论是为消费者提供纽约餐馆就餐信息，还是为消费者提供投资基金咨询。互联网延伸了各个产业的结构并打破了以往的限制，可以及时、迅速地为消费者提供咨询，满足他们的需求。

随着竞争的日趋加剧，现代市场的发展受到消费者选择的驱动。消费者面临众多选择，以至于那些不能及时抓住市场的公司会失去市场，甚至被淘汰。所以，公司必须在三个关键方面致力于实施差别化策略。

（1）如果你忽视了自身的独特性而试图满足所有人的需要，你就会把自己的特点抹杀掉。

（2）如果你忽视了市场的变化，你就会减少或失去自身特点。

（3）如果你追随竞争对手的足迹却从不形成自己与众不同之处，你就会缺乏竞争力。

2. 淘汰旧观念，重新确立独特的销售观念

罗瑟·里夫斯在其 1960 年的著作《广告的本质》中对独特的销售主张（USP）作了定义：每则广告必须向消费者提出一个新的主张。这些广告不能是空谈、吹嘘或者炫耀性的，而是应该告诉每个受众"购买这种产品会获得特别的好处"。

这种主张必须是竞争者无法或不能提供的。它必须独一无二——要么体现品牌的独特性，要么在广告领域是独一无二的。

这种主张必须能够吸引大众的眼球。

当里夫斯提出"独特性"这一观点时，市场竞争还不算激烈。那时全球竞争还不存在，实际上，也不存在真正的竞争。今天，很多公司的销售额已经超过很多国家的国民生产总值——世界前 500 强公司占据了世界贸易 70% 的份额。而且这些公司越做越大，合并和收购成为今天的商业法则，竞争者们变得比以往更加强大和敏锐。

根据里夫斯的观点，为了将你的商品同竞争者的差别化，你必须提供竞争者无法或者不能提供的特性。为了成功地做到这一点，你应该了解消费者是如何根据这种差别化做出购买决定的。心理学家提出可以帮助人们做出选择的四种方法：直觉、思考、感觉和感知。

通过直觉选择商品的消费者群体。这种消费者会凭直觉将注意力集中在某种商品上，他们通常喜欢用那些避免细枝末节而着眼大局的

方法。他们容易受到差别化策略的影响。比如，当布洛芬被定义成高级止痛药时，其实它的生产商已经很好地将这种药物从同类商品中区别出来了。

通过思考选择商品的消费者群体。这种消费者善于分析，他们做事精细和富有逻辑性。这些人拥有丰富的信息量，很少受到情绪或感情的影响，对产品的实际状况可以做出理智反应。宝马的差别化策略就是"追求驾驶乐趣"，该车的设计充分考虑到了人类工程学及操控的便利性。这种策略对于这部分消费者十分有效。

通过感觉选择商品的消费者群体。这部分人不会进行智力分析，而是相信自己的喜好，乐于相信来自专家的第三方保证。奇迹公司的"专家选择"策略是很好的"感觉型"营销策略。

通过感知选择商品的消费者群体。这一群体注重事物本身，尊重事实，注意细枝末节，注重外在环境。赫兹公司的"领袖策略"很适合这一群体，他们会将"这是最好的公司"看作一种常识。

重新确立独特销售主张

正如里夫斯所言，不管用何种方式，今天的公司采取独特的销售主张，或通过增加产品特性吸引顾客，或突出产品益处的策略，都比以往更加困难。其原因归为三点。

（1）大量新产品投放市场，每种新产品相对于原有产品，只有极其微小的改变。

（2）竞争者们对新产品的反应就是模仿。科技发展使得竞争者们可以独立而迅速地开发出新的产品。

（3）科技的发展促使公司可以尽快地开发出自己心仪的产品，同时也使对产品本身进行差别化的创新变得困难。例如，英特尔公司每年以惊人的速度不断提高产品的储存容量和性能。也就是说，对产品进行差别化创新不是不可能，而是变得更加困难。

比如，吉列公司每年研发的新刮胡刀有双刀片型、可调双刀片型、减震型以及现在的三刀片型。三刀片型刮胡刀是种新产品，耗费了7.5亿的研发费用。吉列公司重视细节和差别化创新，并将其延伸到并购领域。

竞争者会染指刮胡刀吗？当然会的。模仿还是竞争中的主要力量，具有竞争性意味着从竞争者的成功中获益。创新和依托一种真正独一无二的产品虽然很困难，但是并非不能做到。

3. 并非差别化的因素

产品差别创新的方式很多，其中很多是有效的。但是一些看似诱人的方式则不能被采纳，它们并不能将你的产品差别化。

以质量和顾客为导向

20 世纪 90 年代，各种商品经历了一场质量大战。当你步入书店的商业书架时，你会看到大量有关质量的书籍。当公司致力于提高产品质量来满足消费者需求时，消费者们却变得更加苛刻，他们不再轻易相信质量认证组织。盖勒普调查美国社会质量控制的状况后，发现仅有 28% 的经理人通过提高产品质量取得显著成绩。

在 20 世纪 80 年代和 90 年代，"不惜一切代价满足消费者需要"成为每个公司的宗旨。消费者的每个建议和投诉都是给予公司的珍贵礼物，也是公司赢得"终生"客户的线索。很多公司实施了顾客计划，航空产业是这一计划的先行者(美国航空于 1983 年推出 A 级优惠计划，随后推广到各个航空公司)。但是航空公司的失败之处在于，没有对他们的计划进行差别化，而且没有证明为这些计划花费的成本和克服困难所做的努力是值得的。结果这些计划很容易就被他人模仿了。

航空公司（很多行业都处在"质量时代"）应该界定运营效益和战略定位。运营效益是指在竞争者从事相同活动时表现更加出色——这是一种短期战略。战略定位是指你发现独特和具有意义的差别化点，并将其变为竞争优势。

创新

罗瑟·里夫斯反对空洞和无效的广告词，如"最好的口味"、"难以置信的柔软"等。尽管这些吹嘘的广告词不符合里夫斯的标准，但毕竟是在试图进行销售。在今天，空洞的广告词已经被含糊的广告词代替，如"动手去做（Start something）"、"人们给我们动力（People drive us）"、"扩大潜能（Expanding possibilities）"。这些标语具有娱乐性，甚至更具创新性，但是却很难说清楚该公司是在宣传什么产品。

支持这种广告的人们认为，广告在这个信息交流过度和愤世嫉俗的时代已经失去其有效性。具有感情色彩或者消费者感觉亲密的广告会成为与消费者联系的纽带。越是非传统的广告，越能使你成功地同竞争对手进行差别化。

然而，必须要明白一个事实：如果消费者认为你在传达一个重要的信息，他们会全神贯注地倾听。但是诀窍并不在于是否将信息隐藏在所谓的创新中。

价格

价格常常是差别化的敌人。当价格成为一条信息或者一个公司市场营销的焦点时，你就开始抹杀你的独特性了。如果你将价格作为参与竞争的主要因素，则意味着你将失去竞争力，因为任何人都能削减价格。为了在竞争中取胜而降低价格是愚蠢的行为。

但是在进行价格战时，你可以采取以下的方法。

（1）研制特别的产品。产业龙头企业可以同巨型的销售商合作，为其提供特别研制的产品。例如，耐克公司向运动鞋连锁专卖福特洛克（Foot Locker）专门提供了售价 130 美元的可调节型气垫鞋（Tuned Air）。迄今为止，这种运动鞋的销售情况一直良好：福特洛克已经订购了 100 万双，预期销售额在 2 亿美元。

（2）造成市场混淆。当竞争者产品在市场上产生混乱时，龙头企业就会脱颖而出。针对 MCI 公司的"朋友和家庭"打折计划，AT&T 公司采取具有攻击性的广告行动，对竞争对手的计划是否真正节约成本提出了质疑。市场的混乱最终导致 AT&T 公司占有大部分市场份额。

（3）改变主题。向消费者介绍产品购买和使用的总成本。在一些产品种类里，消费者购买产品（如汽车）之后的成本将是巨大的。如果你的产品性能出色，你不仅可以为消费者比较分析商品的购买成本，还可以比较分析产品使用后产生的成本。

利用高价格进行差别化。高价格会向消费者传达该产品具有高价值的信息；实际上，高价格成为产品本身固有的特征，因为产品质量上乘就应该以高价出售。

产品种类

消费者面对着众多的产品选择一般会感到困惑，难以做出购买决定。然而在一些商品销售中，保持品种的多样选择性是很好的差别化因素。反斗玩具的创始人查尔斯·拉扎勒斯称："当父母们不知道该购买什么玩具时，种类最多的商品就成为他们的首选。"

"最大的选择余地"是零售业的符咒，超级市场的这种将所有同类商品置于同一货架下以及用打折的方式吸引消费者的策略都取得了成功。

但是有的商店商品种类过多，布置得像迷宫一样的货架走廊会疏远主要顾客，庞大的停车场和店面会疏远老顾客，也会疏远因为要照看孩子而没有时间逛店铺的父母。

而消费者真正需要的是能够指导他们如何以及到哪里购买消费品的服务。网络在很大程度上提供了这些服务。产品种类的异同不再是一种有效的差别化因素，竞争对手可以很容易地模仿。因此，只留给你利用价格进行差别化的余地（也很容易模仿）。

西南航空建立起价格优势

西南航空是为数不多的利用价格差别化因素获得成功的案例之一。他们使用了某种型号的飞机，这种飞机能够减少培训和维护费用。西南航空公司不在这种机型上提供特等舱，从而避免了昂贵的服务开销。这种飞机上也取消了供应食物的服务，这使该公司节约了一大笔开支。他们还想到通过放弃租用枢纽机场而租用便宜的小机场，来避免高额的登机费用。

西南航空利用节省的资金建立了更加便宜的运营系统，从而使每个顾客受益。他们将自己差别化为低价航空公司，不仅扩大了公司规模，而且也不会被更低价的竞争对手挤出市场。很多航空公司试图仿照西南航空的方式经营，但是大多数都以失败而告终。

4. 差别化形成的四步骤

使你的商品或服务与其他商品有所差别并不意味着要追求时髦，或必须进行富有想象力的创新。你只要做到每件事情都富有逻辑性、严格遵守规律以及经过理性的考验。以下是实现差别化的四个步骤。

步骤1：在竞争环境中传递清晰明确的信息

劝导消费者不是凭空进行的，你的众多竞争者们都在争相宣传自己的产品。因此在竞争环境中，你传达的信息必须清晰明确，必须适合市场，而且还要是竞争者未提出的。

你需要对现有的市场观念做出快速的调查。通过调查，你才能够做到知己知彼——自己的优点和对手的缺点，这也是你的目标消费者能够看到的。你还要注意市场变化，衡量一下让你的商品区别于其他商品的时机是否合适。例如，诺德斯托姆（Nordstorm）百货公司提出了"更佳服务"。他们通过裁减人员和取消相应的服务而削减成本，很好地适应了百货商店市场的环境。

步骤2：提出差别化的观念

产品的独特性不必与产品本身相关。有很多可以使你的公司具有特点的方式、秘诀，关键在于如何找到它，并使你的顾客从中直接受益。

例如，底特律附近的希尔斯代尔学院是美国众多职业学院之一。该学院采取了一种独特的策略，即不接受任何来自联邦的助学金和学生贷款帮助。学院宗旨是"我们不受政府的影响"——这一成功的主题使该学院成为很多保守主义思想人士心中的麦加。

步骤3：具有可信性

在提出一个富有逻辑性的主题后，你必须使自己的想法具有可信性。如果你的产品很独特，你能够展示给大家，这种展示就成为可信性的最好证明。

一切没有可信性的宣传都只是空谈。外号"宽足迹"的庞蒂亚克车必须比其他车尺寸更宽。英国航空公司提出他们是"最受欢迎的航空公司"，那么该公司运送乘客的数量就应该比其他的公司更多。口号"赫兹独一无二"意味着必须提供其他公司无法提供的服务。

步骤4：传递你的独特性

当你开发了一种独特的商品后，消费者不会自己找上门来。品质更好的商品不会靠本身的优势取胜，你必须让市场了解自己的产品。你传递的信息必须能够反映出自己的独特性——通过广告、宣传册、网站和销售发布会等方式。但切记不能过度夸大自己产品的独特性。

真正独特的想法是财富的源泉。当艾维斯公司称"我们只是第二，所以要更加努力"，员工就会激起斗志、做得更好，他们会为此感到自豪。你必须让员工感到还有奋进的目标，并以此不断地激励自己去实现它。你所要做的就是提出一个独特的想法，并且不断向其发起挑战，使之融入你的生活。

有了独特的想法还远远不够，你必须运用手中的资源制订有效的宣传计划、传播自己的想法。事实上，没有资金推动的想法是毫无意义的空谈；如果你没有资金推动该想法，就应该想办法筹集资金。

5.八种成功的差别化策略

（1）第一个进入市场。新奇的想法、产品或赚钱方式就是巨大的优势，人们会对其深信不疑。如果你第一个获得新的创意，竞争对手的任何模仿都会使你的创意更加巩固。最原始的创意会激发出更多的专业知识和更多的衍生产品。研究表明，在大多数案例中，第一个进入市场的公司会比后来者获得更大的市场份额。这也会迫使后来者寻找他们自己特别的定位策略。

除了要第一个进入市场外，还必须保持领先于市场上的同类产品。要保持新产品或创意的领先地位就必须付出不懈努力——不断地创新就是关键所在。

> **第一并非最好**
>
> 新产品的成功源自优秀的创意，失败的产品则因为错误的创意。
>
> R.J.雷诺烟草公司花费大量资金研制出第一种无烟香烟，他们认为这种香烟会吸引不抽烟的人。但不幸的是，非吸烟者根本就不买香烟。
>
> 冻爪是第一个为犬类设计的冰激凌，但是其制造商没有考虑到犬类的天性是愿意吃任何被扔到地上的东西。食物残渣就足够了，难道还会有人花钱买这个东西喂狗吗？
>
> 愚蠢的创意只会导致你失败。

（2）保持产品品质。品质是指一个人或一件东西具有代表性或独一无二的特点。人或者事物都具有一系列的品质。例如，各种不同的牙膏在预防蛀虫、牙斑和其他牙齿问题上都各有各的特点。

一个人或一个事物的独一无二性源自于其自身的某种品质。实际上，品质是产品或服务差别化的第一要素。这里要特别说明的是：你无法拥有同竞争对手相同的品质或位置，你必须寻找其他的品质。很多公司试图仿效处于领先地位的公司，他们认为这样做比寻找能够与之对抗的品质更容易。这种想法是错误的。同时为了更加有效，品质应该以简单和易于获取利润为根本。

（3）争取领先地位。领先市场是品牌差别化的最有力方式，因为这是建立品牌信用的最直接方法。信用是指一种你能够提供的保证品牌性能的担保。

> **为品质赢得信誉**
>
> 维萨（Visa）公司因具有"服务遍布每个地方"的品质而主导了全世界的信用卡业务。它每年拥有全世界信用卡交易53%的业务量，

是万事达卡的两倍。美国的运通卡也因其特有的品质而成为零售业、加油站等常用信用卡。万事达卡没有培养出自己的品质，而是一味模仿维萨卡（这是个错误）。没有特有品质是留给万事达卡的惨痛教训。

市场领导者（Market leader）拥有代表该类商品所有权的名称。当你想到电脑、复印机或巧克力时，你可能会想到IBM、施乐和好时。机敏的市场领导者会进一步巩固自己的位置。例如，亨氏集团拥有"调味番茄酱（ketchup）"的所有权，而且它也拥有形容调味番茄酱最显著品质的广告词汇："浓厚"。拥有这一个词汇使亨氏占有了50%的市场份额。

（4）铸就历史。传统会使你的产品立于不败之地。这也是一种权威的差别化理念，因为拥有悠久历史会对消费者起到很重要的心理暗示，会让他们在做出购买选择时感到放心。传统会让人们感到他们正与市场领导者做生意；就算公司经营规模不是最大的，那也一定是历史最悠久的。

有了悠久的历史传统还远远不够。在市场营销中，公司必须掌握慰抚消费者的传统和进步创新之间的平衡，这是继续成功的关键。例如，塔巴斯哥公司是生产辣椒酱的龙头企业，不仅拥有悠久的历史，而且还有不断开拓创新的精神。

（5）做到更加专业化。消费者认为，那些专注于某一种活动或产品的公司或专家会更具有权威和经验。相反，万事通则不能万事精。常言道：术业有专攻。

卡夫食品公司是食品业的巨头，但每次向某种专业的食品品牌（生产赫尔曼牌蛋黄酱或法国人牌芥末）发起挑战时都以失败告终。在零售业，梅西、希尔斯和金贝尔等大巨头已经濒临破产边缘。而盖普、维多利亚的秘密和福特洛克（Foot Locker）则因专注于一种产品而取得成功。

（6）成为首选供应商。通常消费者的购买行为可以被形容成趋之若鹜，他们会购买他们认为应该购买的商品。导致这个行为的主要原因是不安全感。人们大多会购买别人认为好的商品，这被称为"偏好"。公司往往会利用它将自己同竞争者差别化开来。

施瓦布的优先策略

　　查尔斯·施瓦布在《华尔街杂志》上用整 3 个版面刊登了一则广告，提出最终优先策略。广告上刊载了在这一领域最权威的 6 家财经网站(包括《金钱杂志》、《财智月刊》和《网络财经新闻》)。除此之外，他们还注明，有 250 万人选择了施瓦布公司帮助他们进行网络投资；施瓦布公司比其他经纪公司拥有更多的业务量；他们买卖的网络资产也比其他公司多。

　　毫无疑问，到现在为止，施瓦布公司一直都是消费者最偏爱的网络经纪公司。

　　(7) 以特别的方式制造产品。公司为开发、生产和测试新产品付出了大量的人力和资金，并让销售部门在发布产品信息时避免透露这些内容。营销商会放弃这些复杂的信息，而更喜欢将注意力集中在产品所能带来的对生活风格的体验上。

　　这种策略的问题在于有许多竞争产品都可以提供相同的生活风格体验。集中宣传产品的独特设计或技术才能够让产品更加引人注目。给设计元素起个名字，然后在包装宣传中将其作为一种魅力，这样会很好地将你的产品与其他产品区别开来。

　　(8) 保持活跃度。当你保持活跃时，整个世界都会知道你、认识你：口语化的宣传是市场营销的有力推动。虽然人们会同情失败者，但是他们通常会将宝押在胜利者身上。令人惊讶的是，很多公司竟然羞于宣传自己的成功。一部分公司可能担心自夸是一种爱出风头的表现，但是不愿这样做的真正原因是他们担心无法永远保持这种领先。

　　他们没有意识到，推出一种产品或建立一个公司就像将卫星发射上空一样：需要巨大的推动力卫星才能离开地面，但是一旦进入轨道，就变成完全不同的游戏了。保持活跃度或体验巨额增长能够使你的产品或公司到达一定轨道；一旦你到达这里，你可以想些办法保持在这个高度。

6.差别化中的增长和代价

品牌往往在不断做大时失去自身的独特性。增长看起来像是一种复制行为，部分是由企业对雇员和管理人员的分配方式引起的。人们很少会考虑增长是否必要这个问题。经济学家米尔顿·弗里德曼指出："我们没有强烈的增长需要，我们只有强烈增长的愿望。"

负面影响

增长会在两个关键方面对差别化产生负面影响。

（1）公司精力被分散。在"增长模式"下，公司不是利用资源预先开发新的差别化创意，而是把精力放在增长营业额上面。这样一来他们会遗漏发展机遇，取而代之的是将战线拉得过长。

（2）公司过度延伸产品线。只为求得无休止的增长，公司会陷入扩展产品线的陷阱，不断地在相关或不相关的产品种类中拓展其名牌。例如，麦当劳通过廉价而快捷的三明治食品获得成功。当公司决定扩展到比萨、炸鸡和儿童食品时，它的增长变缓，快餐市场的份额也随之减少。

公司必须认识到，从长期看来，将精力集中在他们最基本的生意上比把精力分散到更广泛的业务增长上面更具有实际意义。所以，有时候放弃一些业务反而更加有利。你对业务种类进行了长期研究后会发现，增加业务量就会减少利润的增加。

业务越多，你所面临的损害自己品牌差别化创意的风险就越大。

7. 在不同的地点与众不同：五条定律

将你的品牌塑造为世界品牌不是不可能，但却是一件很棘手的事情。在决定将你的品牌推向世界之前，必须考虑以下几点。

（1）现在的创意可能是错误的。在进入俄罗斯市场时，可口可乐公司抛弃了其有效的宣传口号"真家伙"，在研究其市场根源和特点后又以另一种方式在俄罗斯进行宣传。现在，可口可乐公司在俄罗斯的口号是"饮品传奇"。

（2）品质在走出国门后将会改变。在墨西哥，科罗娜是一种低价的啤酒品牌，在墨西哥城 2.5 美元可以买 6 罐。在美国，科罗娜以全新的形象出现，6 罐装却可以卖到 6 ～ 8 美元。

（3）你的市场领导者地位可能不保。雀巢咖啡是雀巢公司在世界市场上的主打产品，但是印度市场除外。该公司特别为印度市场推出了日升咖啡（含有菊苣成分），其销量超过了主打产品。

（4）你的传统可能不受尊重。凯尔多格是传统的早餐品牌，但是这个谷类食品巨头在印度市场却遭到冷遇，因为印度人喜欢热的早餐。

（5）你的专业性可能会被混淆。力士是什么？在印度尼西亚，它是一种肥皂；在中国和菲律宾，它是洗发水；在日本，两者皆是。很难让世界相信，当你的专业技术随着地理位置而改变时你还是一个专家。

8. 谁是进行差别化的负责人

高层管理阶层必须负责差别化策略的制订、沟通和维持。他们不能将这些责任推给营销人员和广告机构。商业出版物上到处可见关于执行总裁们受到战略误导或不遵从商业战略的故事。

相反，当你学习成功经验时，你将发现最好的执行总裁会以自己的方式制订和执行战略。西南航空公司的赫布·凯莱赫就亲自处理各方面的生意，让公司始终保持成功和赢利。通用公司的杰克·韦尔奇无法亲自参加每个会议和亲自参与每项战略；取而代之的是，他委托高层管理者们寻找最好的方式实现公司目标。

1966 年，彼得·德鲁克将领导责任定义为"通过企业组织的帮助进行思考，并且清楚地定义和制订任务"。而在竞争如此激烈的时代，领导的责任可以重新定义为"根据企业组织的特点进行思考，并且清楚地定义和制订任务"。

罗瑟·里夫斯同意这样的修改。

《水平营销》

[美] 菲利普·科特勒　　[西班牙] 费尔南多·特里亚斯·德贝斯　著

◎ 简 介

1899 年，美国专利局局长查尔斯 . H . 迪尤尔宣称："任何能被发明的东西都已经被发明了。"在当时人们认为他的断言是一派胡言，但是今天的产品开发商和营销商可能感觉到，每件产品已经被发明以及改良了。

看一看商店里各式各样的荞麦产品，还有什么样的荞麦产品没有被开发和出售呢？市场营销专家菲利普·科特勒认为，导致这个问题的原因是商人进行产品开发时采取了一种垂直的思维方式。换句话说，他们设定好产品的种类，然后将这个种类再细分为若干子种类来满足和吸引消费者。

最近几年，科特勒提出了一种叫作"水平营销"的方法。根据以下书摘的观点，水平营销的目标不是要占有一部分市场，而是要创造一个完整的新市场。

在以下的书摘中，科特勒和特里亚斯·德贝斯告诉市场营销商如何学会利用水平思维进行营销，并列举了很多成功的案例证明水平思维在营销中起到的重要作用。

菲利普·科特勒被誉为"现代营销学之父"，现任职于美国西北大学凯洛格管理研究生院。他的营销学著作《营销管理》已经再版过 12次。他还创作了《市场营销原则》《市场营销案例》和《科特勒谈营销学》等著作，并在核心营销学杂志上发表过上百篇文章。

特里亚斯·德贝斯是西班牙萨尔维蒂利翁巴特（Salvetti&Llombart）国际营销顾问公司的创始人之一，同时担任西班牙最知名的埃萨德（ESADE）商业学校的教授。他最新出版的著作是《好运气：让幸运来敲门》。

◎ 原书目录

1. 市场的演变与动态竞争

2. 水平营销是纵向营销的必要补充

3. 水平营销过程的定义

4. 市场层面的水平营销

5. 产品层面的水平营销

6. 营销组合层面的水平营销

7. 实施水平营销

◎ 思想精华

在消费市场中，相同质量的产品已经饱和，消费者已经对广告信息以及传统的纵向营销方式（强调市场分割和品牌增值）具有很强的免疫力。但是还有一种更好的营销方式可以对消费者产生影响，创造出不曾有的新产品和市场，从而真正赢得竞争优势。这种营销方式源自一种完全不同的思维方式——水平营销思维。水平营销通过全新的营销方式产生新的创意，是对传统营销方法的补充。纵向营销帮助我们迅速发现可以开发的产品子类别，但是水平营销可以帮助营销商开发一种拥有更多新顾客的新产品。你不必担心你的产品或服务在饱和市场中只占有很小的份额，你会发现自己已经成为新市场的龙头企业。

◎ 核心内容

1. 市场的演变与动态竞争

今天，大量的新产品在营销过程中遭遇滑铁卢。仅仅 20 年前，销售新产品比现在容易很多。因为随着产品种类的激增，消费者可选择的余地太多了。今天有足够的产品满足每个消费者的需求。

各个公司还在继续分割市场，但是最终结果是市场变得狭小以至于没有利润空间。

进一步分析市场可以发现以下问题。

（1）包装商品的销售大都由巨型公司和跨国公司掌控，如沃尔玛特和宜家超市。销售商拥有货架并决定销售哪种商品。

（2）品牌多而生产商少。市场的每个部分都由几个主要品牌占据，生产商发现，创造更多的品牌会打压竞争者。

（3）产品的生命周期大大缩短。品牌之间就像是在开展一场军备竞赛，新的品牌出现后，其他竞争者会立即推出新的品牌，依次循环。

（4）更换比维修更便宜。新产品更新更加迅速，使用更加简单，价格更加合理。人们广泛接受产品可丢弃的观念，鼓励了新产品的不断问世。

（5）数字科技产生了大量的新类别产品和服务，包括因特网、全球定位系统以及个人计算机等。

（6）商标和专利注册不断增长。

（7）产品种类的数量激增。

（8）市场高度分割。公司在寻找差别化创意过程中发现和创造了更多的市场，导致了市场高度分割。

（9）广告饱和度不断增加。媒体的分割使产品发布更加复杂，使产品更加难以接触消费者。

（10）赢得消费者信赖更加困难。消费者更加挑剔，不再轻易理会商业宣传。新奇可能是唯一可以吸引他们眼球的因素。

今天的市场营销要面临市场分割、饱和以及大量新奇产品的挑战。但是最近出现的商业概念是出自一种与过去无止境的纵向分割完全不同的创新过程。利用这种创新过程，荞麦不再是一种早餐食品，而是能够随身携带的零食。

传统营销思维

为了理解水平营销如何改变你的营销，首先你必须了解传统营销手段的优点和缺点。市场营销必须从了解消费者的需求和估算应如何满足这些需求开始。但是很多制造商忽视了消费者的需求而只重视产品销售。

只有了解到消费者的需求，才能决定谁是目标。市场被定义为在一定条件下购买或可能购买你的产品或服务以满足一定需要的人或公司。例如，酸奶酪市场可能是任何年龄超过 1 岁（儿童开始食用酸奶酪的年龄）并且食用早餐、甜点或零食的人。

定义需求和产品种类很重要，但是也会造成一些问题。通过为你的产品定义需求和种类，你必然会忽视那些不需要你的产品或服务的消费者。

设想一下，我们正处在酸奶酪开始商业化生产的前些年。通常，市场随着第一个品牌的诞生而出现，同时会产生分类。这个产品种类会有现有和潜在的市场。如果有人意识到这种商机，则竞争者出现。生产这个产品种类的前两个企业会占有 75% 的市场份额，只留给后来的进入者 25% 的份额。

如果你是第三个或更晚的进入者，你会选择市场上的某一个子群体或消费者，直接将产品推销给他们。通常你会强调产品的一个突出特点——这就是你的定位，它允许你分割和占有市场。不要试图占据整个市场，否则到头来你只是获得很小的市场份额。你必须分割市场并且占有该市场分割部分的大部分份额。还有一个好处是，通过瞄准某一特定的市场需求，你可以满足一个客户群体的需求，他们可能会消费更多的酸奶酪。分割会产生两种影响：分割市场和扩大市场规模。

当然，在公司持续分割市场同时，市场被不断分割并且趋于饱和。市场被分割后给新产品留下的空间很小，这也成为制约公司发展的关键因素。

另一个你可以采取的营销策略是"定位市场"。定位同分割互相联系。在酸奶酪的案例中，一些公司将自己的品牌定位为更加健康、新鲜或天然。选择一个特点并加以突出会使你的品牌具有特殊的品质，更能引起消费者注意。它能够帮助你在混杂的市场中立足；但另一方面，它也会使你对产品或概念创新失去洞察力。

既定市场衍生的创新

另一种创新可以通过产品调整进行。基于产品调整的创新包括改变现有产品或服务的特性，可增加或减少这种特性。

（1）果汁。降低含糖量，增加果汁含量，不进行浓缩，增加维生素含量。

（2）清洁剂。增加漂白性，增加脂肪酸浓缩度，不含香味，减少泡沫或增加泡沫。

（3）银行业。月息支付，免除使用费用，增加服务机构，使用训练有素的员工。

（4）快递业。更快的邮递速度，增加最大邮递重量，更诚信的担保。

计算尺营销

在这种只注重销售产品而忽视需求的营销中，计算尺营销是个经典案例。计算尺是一种木制或塑料制的工具，上面刻有很多数字。通过滑动尺子，使用者可以进行大多数数学运算。当电子计算器问世后，该产品销量减少。尽管计算器起初很昂贵，但是它的使用更加简单、运算更加快速和精确。

计算尺的制造商能够通过传统的市场分割、目标和市场定位策略拯救这种产品吗？能够为不同肤色的人种制造不同的计算尺，并广泛宣传使用该产品有何好处吗？能够分割市场、为更新型的计算尺开拓市场吗？不可以。

计算尺的制造者能够想到一种新产品如电子计算器代替计算尺吗？很可能不行。因为在市场分割思维和定位策略指导下他们无法设想出电子计算器这种产品。他们只顾及已经有的产品，不能设想到完全不同的东西。这个问题涉及水平思维。人们脑子中必须想到计算器、科学技术和计算需求三方面因素才能去创造一种比计算尺更有效的产品。

目前的市场营销理论的作用是自上而下式的，对于创造、改良或更新产品作用不大。

你能通过改变产品尺寸进行创新，例如通过使用大包装或按照个人需要设定产品尺寸进行销售。在这个案例中，你不能改变产品或服务，只能改变体积、密度或出架频率。另一种可能的创新是通过改变包装，如巧克力的包装采用各种各样的盒子，从简装到精装不等。

另一种改变是基于外形设计的。产品、容器或包装和尺寸是一样的，但是对设计或外观进行了修改。汽车公司可以推出具有不同内部装饰的同款车，雪橇制造商可以改变雪橇的颜色。这种改变可以使产品引人注意。还有的创新是增加产品的成分，如饼干可以加入糖、巧克力或桂肉。

所有这些创新有同一个特点：尽管它们包含对产品和服务的持续改变，但是没有触及本质。这种创新发生在相互竞争的产品类别中，创新的方法针对的是现有的市场。这些创新并不能创造新的产品种类或新市场。最终结果是市场被不断分割，各个公司只能占据整个市场的很小份额。

2. 水平营销是纵向营销的必要补充

水平营销包括选择一种产品以及充分地改造这种产品以满足新的需求或新的消费者。其优势是完全开辟新的市场，而不仅仅是抓住现有市场的某个部分。

荞麦条案例

荞麦有很多好处，它是一种健康和营养丰富的食品。欧洲的英雄公司是一家食品公司，但是在荞麦类早餐食品中占有的市场份额很低，需要扩展市场。鉴于荞麦类市场高度分割和饱和，该公司没有取得很大进展。

后来，英雄公司创造了可以随身携带食用的荞麦条。今天，英雄公司在欧洲荞麦产品市场处于龙头地位。这个创新不是在"早餐荞麦"市场范围内进行的。英雄公司利用了荞麦的有利品质并将其嵌插另一种概念——块状糖，从而创造了一种新的产品类别。这种水平营销过程拓展了荞麦的市场。

纵向营销和水平营销相辅相成，都不可或缺。实际上，水平营销的完全发展不能离开纵向营销，因为在一种新的产品种类发现之前会产生更多的产品种类。

对比两种营销方式

水平营销和纵向营销都很重要。当你考虑在一定形势下哪种方式更加合适时，请记住，来自纵向营销的创新会更容易被消费者吸收而理解，而水平营销创新则需要更多时间来让消费者接受。

纵向营销的特点如下所示。

（1）在新市场中最有用处。

（2）对于诱导消费者和开发市场最有效。

（3）风险更小。

（4）需要资源较少。

（5）不依赖高消费额。

（6）分割市场。

（7）保持生意重点。

水平营销的特点如下所示。

（1）对于发展停滞的成熟市场有效。

（2）挖掘新市场。

（3）风险更大。

（4）需要更多资源。

（5）期待高消费额。

（6）可能重新定义任务和生意重点。

纵向营销过程迫使你首先要定义市场。纵向营销利用市场的定义来取得竞争优势，创新要在这个定义范围内进行。水平营销的目的是寻求一种扩张，通过满足在定义市场的早期被遗弃的一种或多种的需求、用途或目标市场等要素来实现。

水平营销要求你对产品进行重要的改变。当你从事于水平营销时，你需要通过增加除非改变产品才能实现的需求、用途或目标市场来重新构造你的产品。简单而言，水平营销要利用一种更具煽动性和飞跃性的创新过程来实施。

水平营销的创新产生新的产品种类或子种类。它通过四种方式实现。

（1）一种水平产品可以通过创造新的产品种类或子类别重建市场。例如，索尼公司的随身听沃克曼（Walkman）的发布重新构建了电子产品市场，它吸引了几百万年轻的潜在消费者成为个人视听产品的消费者。

（2）它可以减少现有市场上其他产品的销售额。例如，芭比娃娃是一种水平思维创造的产品，已经占有了娃娃市场的巨大份额。它是以"成人娃娃"的定义嵌插娃娃市场的，结果是这种新类别的产品风靡世界。至今芭比娃娃仍然是该种类的龙头产品。

（3）水平产品往往在不损害其他产品销售额的情况下产生销售额。例如，荞麦条没有减少早餐荞麦食品的消费量，反而扩大了荞麦的销售机会。

（4）一种水平产品可能带动几种产品种类产生销售额。荞麦条产品可以对巧克力、盐类零食和其他食品种类销售产生积极影响。

3. 水平营销过程的定义

水平营销是一个工作过程，当被应用在现有产品或服务时，它会产生创新性的产品和服务，从而满足新的需求、用途或目标市场。水平营销最终导致了新种类或产品的产生。

水平营销是一种创新过程。创新思维分为三步。

(1) 选择一个中心点，可以是一种产品或服务。

(2) 进行水平位移从而产生促进作用。水平位移是发生在逻辑思考顺序中间的中断。

(3) 找到一个填补的方式。

建立连接

下面举个例子。将"鲜花"作为产品的中心点，关于鲜花的逻辑思考顺序是"花要凋谢"，在这个顺序上产生的水平位移是"花永远不凋谢"。然后我们在新的概念和原先的中心点之间建立联系。在这个案例中，我们要询问自己：在何种情况下花永远不会凋谢？如果花是由布、丝绸或塑料做成的就不会凋谢。我们就建立起一个新的概念——"人造花"。这就是创新。创新是将两个没有显著联系的观念联系起来的结果。

如何应用这个过程

如果你想应用水平营销，最基本的要求是你必须了解每个步骤。如果你正在思考何为中心点，你必须准备创造一个位移。如果你正在思考一个可能的位移，你必须意识到你正在创造一个促进因素；如果你正在建立一个联系，你必须明白你正在改变这个促进因素从而使其富有逻辑性。

将这一过程应用于真正的生活中，下面就是其如何起作用的。首先，选择一个进行营销的产品或服务。创造性思维从上而下以及从具体到一般而起作用。它是归纳性的，并非演绎性的。确定它会在竞争中充满困难。

一旦你选择了一种产品或服务，利用纵向营销的策划将其分解、剖析，然后你就会看到其整体景象。

水平营销的基础是创造一个间隙，没有间隙就没有水平营销。这个间隙需要你去跳跃。但这很难做到，因为我们已经接受了逻辑性思维的教育。如果你考虑替换、颠倒、结合、扩大、淘汰或重新排序你的产品或服务，则意味着你正在水平思考。

例如，在情人节送玫瑰给爱人。这里可能存在一些水平营销创意。

(1) 替换法：赠送柠檬。

(2) 颠倒法：在一年中的每天送玫瑰，但是情人节除外。

(3) 结合法：在情人节送玫瑰和其他东西。

(4) 扩大法：在情人节赠送很多玫瑰或仅仅一朵玫瑰（向上或向下扩大）。

(5) 淘汰法：情人节不送玫瑰。

(6) 重新排序：情人节时爱人送你玫瑰。

建立联系

创造间隙的目标是找到一个填补的方式。例如，有人建议你在迪斯科舞厅销售爆米花。当你想到一对情侣会在迪斯科舞后购买爆米花时，你意识到你不容易被人发现。然后你想到可以在爆米花上撒一些荧光盐。你设想到他们吃了爆米花后会感到口渴，他们就会买饮料喝。现在我们解决了这个间隙。爆米花公司可以劝说迪斯科舞厅免费提供爆米花，然后 1 杯饮品的利润足以弥补 2 千克爆米花的成本。

当然，不是每个间隙都可以被联系起来，也不是每个创意都能成功。你只需要几个好的创意就足够了。

4. 市场层面的水平营销

通过采用一个简单的技术，你便可以应用位于市场层面的水平营销知识。改变一个因素最为简单和有效的技术是替换。市场层面包括一种产品或服务进行竞争的几个方面的因素。这些因素是需求、目标和时机。最后一个因素包含有地点、时间、形势和经验。

替换一个因素到另外一个因素很简单，你所做的就是替换市场的一个因素到另一个被抛弃的因素。

你也可以改变你产品的目标市场。这应该是你目前产品的非潜在目标市场，这些消费者并不是对现有产品有需求，而是随时可能购买产品。

其他的创意包括改变产品的使用时间和使用环境。时机和形势往往同某种特定的商品相联系。圣诞节、年终聚会和庆典活动时要消费香槟，而白酒只有在特殊餐会时饮用；万圣节要食用糖果，而生日要享用蛋糕。当其他产品强势进入市场时，你可以利用经验选择商机。例如，一家重要的广播电台为乘坐公用交通工具的人打造了一档 30 分钟的新闻节目，否则这些人会听音乐。其他商家，例如书商和语言磁带学习开发商也会进入这一市场。

在大多数案例中，你必须提炼出商品的某些特点。你要意识到要排除的因素，这些因素往往将产品限定在其原始特点上。要通过排除或改变这些特点来精炼商品。例如，一家法国奶酪公司想让儿童食用更多奶酪。但存在的障碍是儿童发现奶酪没有甜味或吃起来没有乐趣。这个奶酪生产商将其制成甜味奶酪，并且做成儿童喜欢的棒棒糖式样。

5. 产品层面的水平营销

在产品层面实施水平营销，你必须选择六种方法之一进行水平位移。以下就是每种方法的详细介绍。

（1）替换法。替换法包括排除产品的一个或几个要素并且对产品加以改变。例如，你可以将"教授教学生"替换为"学生教学生"。学生依次地准备课程，每天由一个学生向其他学生讲述课程，教授只担任主持人。思考一下，当有人将手表上添加电池时或者将硬糖果加上木棒制作棒棒糖时会发生什么。

（2）联系法。联系法包括向产品或服务添加一个或几个要素，并保留其他要素。例如,电动助力车是通过电池驱动,然后通过脚蹬充电,结果在中国销售了100万台。思考一下向领带添加"有趣"要素时会发生什么，那就是带有迪士尼和华纳卡通形象的领带系列产品的产生。

（3）颠倒法。颠倒法包括颠倒或否定产品或服务的一个要素。例如，将熟比萨颠倒成生的比萨，这种冷冻主食已经风靡世界。

（4）淘汰法。淘汰法包括淘汰产品或服务中包含的一个要素。例如，电话去掉电话线成为无绳电话，香水去掉瓶子变成家用香烛。

（5）扩大法。扩大法包括向下或向上扩大一个产品或服务的一个或几个要素，或者设想出一种理想的产品或服务。双人自行车是个很好的例子，微型汽车用于拥挤的地区，抛弃型隐形眼镜来自于眼镜每天都可以抛弃的想法。在世界上的一些地方，由于摩托车无法停放导致了可折叠车辆的出现；胶卷需要冲洗导致了宝丽来相纸和数码相机的出现。

（6）重新排序。重新排序包括改变几个产品或服务的顺序或次序。例如，他们可能需要向消费者传递广告信息导致许可销售的出现。其他案例包括微波爆米花和公共场所的公用洗手液。

这些例子都包括寻找一个新的环境（例如适用于城市拥挤地区的微型汽车）或选取一个积极的事物。

6. 营销组合层面的水平营销

将其他市场营销组合要素（价格、地点和促销）作为水平位移的中心点意味着要偏离现有的产品或服务发布方式，但是你不能更改产品或服务的本质，以及产品或服务覆盖的需求、目标或环境。

在多数案例中，组合层面的水平营销位移将导致产生产品或服务的子类别或一种创新性的商业规则，而并非产生一种新的生意或产品种类。

你可以利用水平营销使你的营销组合多样化，将其他销售概念应用到你的产品或服务上。

例如，咖啡销售机运用信用卡概念销售咖啡，你可以存钱到咖啡消费卡上，然后刷卡消费；收费站允许你使用电子装置通过收费站，不必再寻找零钱——你的账户支付通过收费站费用。注意在各个案例中，支付系统和产品都不是新的。唯一的创新是利用现有的方式对现有的产品进行支付，与传统的支付方式有根本区别。

改变销售的案例比比皆是。例如，房地产公司在商业街或城市商业区销售房屋，书商如亚马逊公司在网络上销售图书。最后，公司使用信息传递的方式销售产品。例如，电信巨头利用电视广告获得更多的小商机。

7. 实施水平营销

为了成功地实施水平营销，你必须了解以下重要原则。

(1) 公司要发展和繁荣必须进行创新。

很多新产品遭遇失败是由于忽视了市场调查和计划。导致创新危机的原因源自传统的创新过程。大多数新产品仅仅是市场现有产品的新版本，如新的口味、尺寸或包装。这属于分割或纵向营销思维。

(2) 纵向营销思维的重复使用导致了市场高度分割，以至于市场没有产生利润的空间。营销人员需要利用可以产生新产品种类或新市场的思维创造新产品或服务。这种策略是一种水平思维，尽管风险很大，但是收益却是可观的。

(3) 水平营销思维利用一种特别的框架或过程，任何人都可以学习，并可以与纵向市场相结合成为创新型公司文化的一部分。

(4) 水平营销思维可能会自发或自觉地产生。它需要将多种创意结合在一起，例如"食品＋时间"或"无线电话＋相机"。创新型公司如索尼和 3M 已经创造了一种让水平思维者集思广益的企业文化。你也可以这样做。

但一个创新型公司并不是拥有一些可以自发地获得新创意的疯狂创新人员。它的特点体现在几个体系中：一个观念市场、一个资本市场和一个智力市场。

如果公司拥有一个积极寻求、收集和评估新观念的体系，则拥有一个观念市场。这样的公司会任命一位高层经理来管理一个由公司各部门高级代表组成的创意评估委员会。这个委员会定期举行会议，对员工、供应商、经销商和销售商提供的创意进行评估。他们会设立相关体系对最具吸引力的创意进行评估。

为了保证水平营销的有效性，你必须有一套采纳创意并按照水平营销过程运作的有效体系。例如，如果智囊团有了新的创意，下一步就要通过上文谈到的具体和共有的位移方法将各个建议关联起来。这个水平营销框架会把创意产生变为一种正常的活动。公司必须建立专项基金保证创意评估以及培训具有水平思维的员工，必须雇佣智囊人员开发最好的创意。

水平营销过程的第一步"进行水平位移"可以由个人完成。选择上面的三个层面中的一个并将上述六个方法中的任何几个应用到其中。

下一步，召开水平营销会议，听取有关联系两者的位移方法和思维。这个工作会议需要与会者运用分析方法和纵向思维。会后，你就会知道哪些意见应该放弃，哪些可以使用。被放弃的意见应该存档留待未来使用。这些被放弃的意见可能会在一定时机下起到作用，等时机一到，就可以直接采纳。

将可行的意见投入到正常的产品开发过程中——从最初创意到概念检验、原形检验，再到市场检验，最后进行市场发布。这样，你就可以将自己定位成新产品种类或市场的领导者，而不是现有市场环境下的一个普通参与者。

《关系营销》

[美] 里吉斯·麦克纳　著

◎ 简 介

20世纪70年代、80年代和90年代，经济由公司主导型转向消费者主导型成为这一时期最显著的变化之一。第二次世界大战后，美国的经济在公司不断生产消费者急需的产品过程中繁荣起来。经济发展给公司带来了巨大的满足感。这些公司认为只要将产品摆到货架上顾客就会购买。汽车工业就是在这种满足感中发展起来的。汽车公司只注重利用样式来差别化自己的产品，从来不顾及消费者的需求。但是当日本汽车进入美国市场时，它们并不考虑自己能够生产什么样的汽车，只思考顾客需要什么样的汽车。

本质上，日本的汽车公司认识到这是个消费者的时代。在《关系营销》一书中，里吉斯·麦克纳将对这个阶段进行详细介绍。

麦克纳是来自硅谷的一位营销顾问，他认为科技产品市场需要新的营销方法才能进一步发展。

第一步就是要减少对用广告吸引消费者的依赖。麦克纳第一个认识到，对于大多数商品而言，营销者不能仅依靠广告获得消费者青睐。

具体而言，麦克纳劝导公司转变主导型营销为市场主导型，简明扼要地阐述了生意取得成功的基本方法：以消费者为主导。以消费者为主导意味着让消费者引导你的决策。例如，当消费者主导汽车公司生产时，结果就是小型优质节油型汽车的问世。

正如麦克纳在《关系营销》中谈到的那样，消费者主导将对公司的产品、市场和定位决策做出指导，并指导公司制订出有效的策略。

里吉斯·麦克纳就读于他家乡宾夕法尼亚州匹兹堡市的迪尤肯大学，1962年毕业后前往硅谷工作。他曾经在多家科技公司市场营销部工作（包括担任过国家半导体公司市场服务部经理），1970年开办自己的公司麦克纳集团。在过去的30年中，麦克纳公司先后为一系列的著名高科技公司提供服务，如苹果电脑、英特尔集团、基因技术公司、美国在线、莲花公司和微软公司。

《关系营销》是麦克纳创作的第三本著作，前两本是《创新时代的行销策略》和《小公司如何打败巨人企业》。麦克纳还创作了《实时营销》，最近创作了《被解雇是最好的事情》等。

◎ 原书目录

1. 新的市场营销主题

2. 从消费者开始

3. 产品定位

4. 市场定位

5. 公司定位

6. 策略

◎ 思想精华

旧的营销方法不再起作用。那种通过发明产品、进行市场调查，然后用广告宣传吸引顾客的时代已经远去。

不幸的是，大多数公司没有意识到市场如何变化。科技的进步产生了大量产品，无论怎样进行广告宣传，立足市场都变得更加困难。

里吉斯·麦克纳是来自硅谷的一位智者，为我们提供了一个更好的营销方法。他认为市场营销不是一个功能，而是一种做生意的方式。它的作用不是愚弄消费者去购买，而是将他们同产品研发过程结合到一起，从而向他们提供真正需要的产品，以及通过与消费者的关系向他们提供顶尖的服务。

麦克纳谈到了两家高科技公司格鲁科（Gluco）和帕普科（Pumpco），这两家公司在处理消费者维修要求时采取了完全不同的方式。

帕普科（Pumpco）公司的接待员不懂得如何处理维修请求，所以消费者只能等待她的答复。当她找到解决方式拿起电话时，她告诉消费者必须支付维修费用以及替代品的押金。

几天后，这位消费者收到了寄来的替代品，但是没有如何安装的说明书。

几周后，维修好的部件被寄回，但是没有提到将临时替代品寄回。然后这位消费者接到一封态度不友好的催款信，看起来消费者应该是货到付款。

格鲁科（Gluco）公司认为取悦消费者应该是生意之道，采取了完全不同的方式。接待员认真地处理维修要求，并且在 24 小时内向消费者寄去替代品，当然，免费使用。除此之外，邮寄包裹中包括一份要求寄回旧部件的说明书，甚至还有回邮邮戳和胶带。

对于帕普科（Pumpco）公司，市场营销意味着销售产品并收敛钱财。格鲁科（Gluco）公司把生意看作是一个通过提供优质服务和优质产品解决消费者问题的机会，并且让消费者参与到产品创新过程中。

你会同哪一家公司做生意？以下的书摘告诉你如何成为格鲁科（Gluco）那样的公司，这种公司属于消费者时代。

◎ 核心内容

20 世纪 90 年代，科技主导转变了市场，也影响到每个消费者。成千上万的产品要用到微处理器，每个办公桌上都安装电脑，每个公司都是科技公司。

当然，科技主导市场意味着市场会迅速变化。这也意味着消费者有更多的选择。在 1985 年和 1989 年之间，市场上出现的新产品数量的增长速度达到 60%。在这个杂乱和不断变化的市场中，每个人都发现做销售很困难。

这也是之所以传统的营销理论（获取创意、进行市场调查、开发产品、市场测试以及最终进入市场）不再起作用的原因。这种方式对消费者的需求反应迟钝，它也不会有效地将你的产品同其他产品进行差别化。未来的市场实践将是那些运用市场主导策略者的天下，他们会与消费者的需求协调一致。以下将向你介绍如何做到这些。

1. 新的市场营销主题

过去的规则不再起作用，经理们所要面对的新型和不断变化的市场环境已经超出了其控制范围。

例如，产品扩散到市场每个角落；全球竞争无处不在；行业间的区别趋于模糊；产品周期循环加快；销售渠道不断变动；大量的广告信息使消费者感到困惑；传统的预测方式没有给予有效的指导。销售如何才能取得成功？

取得出众的市场位置的方式就是同客户建立起一种基于诚信、快速反应和高质量的销售关系。以下五个主题构成了 20 世纪 90 年代市场营销的新定义。

市场营销就像登月

发展最为迅猛的产业营销就像是发射火箭到月球。目标一直在移动，市场也在一刻不停地动荡。营销者就像宇航员，必须追随环境不断调整航线。遗失市场就像是遗失月球，意味着你可能与其擦肩而过，毫无收获。

让我们进一步用这个类比进行解释。就像月球和地球同时对火箭施加重力，你的公司和市场也会同时对消费者的消费方式施加影响。公司可以控制某些力量；市场控制其他力量，这些必须受到重视和适应。公司可以控制的力量有以下一些。

（1）产品。是否具有竞争力？你能否通过完美的服务给予支持？

（2）技术。你是否拥有开发全新产品的领先技术？

（3）财政资源。你是否有足够资金开发和推销新产品？

（4）时机把握。机遇的大门打开和关闭得很快，你能否在最合适的时机推出产品？

（5）服务和支持。服务是市场营销的重要方面。你能否为你的产品提供足够支持？

（6）人力。这是成功最重要的因素。你是否拥有工程、营销、销售和管理方面的高级人才？

市场的"重力"也会影响你的产品；它们帮助引入产品以及在消费者心目中进行定位。市场控制的力量有以下几个。

（1）策略性的顾客关系。顾客能否帮助你定义新产品和服务？大客户能否帮助你推出新产品？例如，微软的兴起是因为 IBM 采用 DOS 作为其个人电脑的操作系统。

（2）市场基础。来自市场的基础性支持，即零售商、经销商、财务分析员、卖主、商业记者等是成功的关键。IBM 花费 1 亿美元广告宣传 PCjr 低端电脑，但是这种产品失败了，因为 IBM 没有赢得市场基础性支持。同样的案例还有苹果的 Lisa 电脑、莲花公司的 Symphony 软件和可口可乐的新可乐产品。

（3）担心、不确定和怀疑。如果消费者担心你不会持久，或者认为你不会或不能支持产品线，你就会失败。

（4）竞争。竞争者的新产品可以使你的产品一夜之间过时。

（5）社会趋势。社会环境可以成为产品发展的动力。例如，对艾滋病治疗的需求迫使公司进行研究。

这些重力一直在变化。成功的营销者会一直估量外部力量，从而更好地应对变化。

创造一个市场

营销的真正目标是拥有市场。大多数营销者只有一个分享市场的观点，他们只认识到一个现有的市场，然后通过广告、营销、价格和销售策略赢得一点市场。

利用创造市场策略的经理人像企业家一样思考，他们开辟新领域并敢于冒险。例如苹果公司，它认识到打败 IBM 公司是天方夜谭，因此决定发展一种更易于操作的全新电脑。它忽视了行业标准，开发出一种全新操作系统，完全摆脱了 IBM 的控制。麦金托什机实现了开发和服务新市场的目标，至今苹果公司仍然是该行业产值最高的公司之一。

创造是个过程，不是推销策略

IBM 的 PCjr 产品遭受惨败告诉我们广告和推销只是营销等式中的一部分。广告可以稳固市场地位，但是不能创造市场。

只有同客户、供应商、销售商以及任何有影响力的人建立起坚固的关系，公司才能永久立足市场。这意味着公司，特别是科技公司，必须以市场为导向，不能以营销为导向。营销导向的公司使用诡计、花招和推销赢得顾客；市场导向的公司同消费者和市场本身开展对话。

得克萨斯州有句话说得好："他穿着牛仔衣但不是牛仔。"这是对生意的最好类比。这意味着你必须把精力集中到形象背后的本质因素上，否则无法生存。如果你产品过硬、客户关系良好，形象问题自不用担心。

营销是以质取胜，并非以量取胜

商人喜欢数字。然而在新市场上，数字不再可靠。那些相信数字的人很少成功。

米奇·考波尔是莲花公司 1-2-3 系统的开发者，他在麻省理工斯隆学院读书时，曾写过一份市场计划。他的这份计划最终得分是 B 而不是 A，原因是他没有进行任何统计调查。

在这个案例中，米奇要比他的教授更高明。统计数字向他提供了什么信息？也许是没有人想要他的产品。毕竟在 20 世纪 70 年代末，几乎没有机构拥有个人电脑。考波尔推算最终商业机构会购置小型电脑，于是他的软件就会有用途。

考波尔的想法属于定性分析类型。他与市场上的人进行交谈，努力了解他们的需求。他发现了趋势和洞察了市场。就像所有出色的市场营销者那样，考波尔了解了市场环境以及所有市场推动力量。

另一方面，定量的方法往往忽视诸如社会趋势和商业关系这样的市场力量。例如，1978 年有 6 个公司预测到 1985 年整个市场上的个人电脑需求为 20 亿台，但实际那一年市场需求达到了 250 亿台。如果苹果或康柏公司听信预言家的预测，它们就不会采取什么行动。相反，它们看到了需求，并推动了整个市场。

市场营销是每个人的职责

市场营销是与消费者和那些处在行业基础地位的人建立和维系关系。这意味着从销售员到工程师和生产工人都必须将自己视为营销者。

瑞迪尤斯（Radius）是一家生产计算机图形显示系统的公司。该公司赢得的巨额生意来自于一次工厂参观。产品的整个生产流程集中于保证质量、可靠性和快速传输性能上，这给一位潜在客户留下了深刻印象。于是该客户立即更换了供应商。因此我们可以说制造本身也是营销的一部分。

重视行业基础

每个行业都有一个基础，包括位于制造者和消费者之间的所有人，他们可以影响到购买者。没有这部分人的支持，商品、服务或公司就会失败。

下面介绍一下它是如何运作的。例如，有影响力的人高度评价你的新电脑产品，这意味着更多的软件公司会为你的产品开发软件。其他名人看到你电脑的用途，他们就会写文章或谈论从而积极影响到销售者和零售商。然后他们会告诉顾客，购买的顾客再告诉自己的朋友。

行业基础的每个部分都会帮你建立起信用。

如果缺少了行业基础的任何部分，你的营销努力都将落空。国家半导体公司研制了一种先进的32位微处理器。然而这种处理器没有芯片和软件与之配套，因此很少有人使用，人们也不会谈论或宣传它。

除了有一种好的产品，你还需要通过口语化宣传培育行业基础的每个部分（见第4部分"市场定位"）。

---

2. 从消费者开始

对产品或服务定位要从消费者开始，最重要的是消费者如何评价你的产品以及竞争者的产品。

在过去，差别化你自己的产品更加容易。传统上讲，一个公司可能想让自己的产品被看作是质优价廉，随后就会提出一个概括这些信息的口号；最终采用广告和推销的方式，直到消费者了解这个口号以及公司。

艾威斯（Avis）和赫兹（Hertz）两家租车公司之间的竞争就是一个传统市场定位的案例。艾威斯想在消费者心中建立一种奋斗型公司的形象，其口号是"我们更加努力"。通过广告（包括折扣和赠送礼物）吸引了很多顾客，艾威斯公司自此生意兴隆。

但是在今天这个多变的以及处于动态的市场中，这种公司主导的商业活动不起作用。优利系统公司花费百万美元开展了一场营销活动，但是没有阻止它市场地位的下滑。

因为今天的第一不能保证明天还是第一，而消费者主导的方法采取动态定位，所以这样会更好一些。动态定位包括三个连锁步骤。

（1）产品定位。一个公司首先要确定它的产品如何适应市场。是将重点放在低价、高质上，还是先进技术上？它如何分割市场？先进的技术和产品质量是需要考虑的重要无形因素，因为只有这些因素才能符合消费者理念。

（2）市场定位。产品必须在同所有行业基础建立的良好关系帮助下赢得信誉。任何行业中10%的人会影响到其他90%的人，因此要努力赢得少数仲裁者的钟爱。

（3）公司定位。公司也需要定位自己，最好的方式是在财政上取得成功。如果一家公司始终盈利，那么它过去的错误可以宽恕，产品弱势也会被宽容。

3. 产品定位

每年都有成千上万种新产品进入市场，仅美国就有超过2万家软件开发公司。向消费者介绍产品、进行广告推销以及等待财源滚滚进入腰包很容易，但是在拥挤的市场上这些不起作用。因此公司必须设法将自己的产品同其他产品进行差别化。为了进行强势定位，要注意以下几个概念。

（1）了解趋势和动态。记住公司无法控制的"重力"因素。它们对许多营销者提出了革命性问题：任何一家公司都不能通过自己定位产品，而应由市场定位产品。

（2）重视无形因素。立足于专利销售产品的公司会遇到一些麻烦，而那些立足于质量、可靠性、技术领先以及良好财政状况的公司会做得更好。

（3）为特殊群体打造产品。不要试图打造适合所有人的产品。要找到市场补缺，并在这块市场补缺中比别人做得更好。

（4）学会对待成功与失败。大多数公司不分析为什么他们的产品遭遇失败。

（5）懂得营销主导和市场主导的区别。这种区别具体表现是：例如半导体公司的两条不同产品线的销售经理以完全不同的方式营销。其中一位经理将 80% 的精力用在拜访顾客和收集反馈意见上，另一位经理坐在办公桌上记录备忘、策划宣传和推销方案。第一位经理采取市场主导方式，取得巨大成功；第二位经理采取营销主导方式，导致产品销售降到最低点。

（6）大胆试验。很难提前确定你进行的产品定位会有什么样的市场反应。除此之外，没有一种新产品可以很好地适应市场。因此你需要重视市场，并不断调整策略。

技术优势与无形因素

将你的销售放在技术优势上（宣传产品出众的技术规格）会受到某些限制。一家科技公司很难取得超过 6 个月的技术优势。除此之外，消费者不会在乎电脑 A 比电脑 B 快 5 毫微秒，他们宁可选择速度较慢但是服务更好的电脑。

你必须将其他因素构建到公司的定位中，例如质量、可靠性和服务。虽然这些无形因素可能无法给产品本身带来区别，但是确实比技术优势更能提升定位层次。

4. 市场定位

这是定位的第二个阶段，让市场对你的产品做出反应。尽管你不能直接控制市场力量，但你能学会使用市场杠杆为你的产品进行定位。

信誉是市场定位的关键。特别是技术公司，必须重视信誉。技术是与未来的联系，因此客户需要确信他们有需求时你可以满足他们。

为了消除购买者的担忧，你必须为新奇的产品提供安全的保障。怎么操作呢？通过信誉建立稳定和领先的形象。

建立信誉

传统的营销者通过广告建立信誉，但是今天的消费者被广告淹没，他们不相信广告。他们更多地通过朋友介绍、专家推荐或有学识的销售者推广来熟悉你的产品或服务。

广告应该是最后一种营销手段，而不是最初的手段；只能利用其巩固产品的定位，不能建立定位。

你可以通过以下方式建立信誉。

（1）推论法。同现有领导市场的公司联系起来会迅速建立信誉。MIPS电脑起初是个无名小辈，直到数字设备公司选用MIPS的RISC处理器作为工作平台后才为人所知。同样，天腾公司向花旗银行出售了一台电脑，潜在客户会得出一个结论："如果花旗银行相信天腾公司，我们也可以。"

（2）参考法。消费者往往根据可信赖的建议购买商品。任何与公司或商品有联系的人都会起到参考作用，赢得分析家、零售商、记者，当然还有消费者信赖是很重要的事情。

（3）证明法。消费者很注重你的业绩。如果你的市场份额增加，你的利润提高，更多零售商销售你的产品，你开发新的产品或同其他强大的竞争对手抗衡，消费者将会敬佩你的实力和头脑。没有这些业绩作证明，定位是空谈。

利用口碑

口碑是消费者消费时重要的参考因素。口碑推荐比任何广告或营销手段都令人信服。因此你要想方设法让大家谈论你的产品和公司。可以从以下几个方面入手。

（1）消费者。通过召开消费者座谈会、商业展示会、技术会议、训练项目以及联系会议同消费者接触。在产品发布之前认真地选择消费者试用产品，通过使用测试产品，排除产品缺陷以及尽快得到顾客反馈。如果你能赢得这些早期试用产品顾客的青睐，他们会把产品的优点迅速告诉其他人。

（2）销售链。培训可以同客户建立良好关系的人，包括销售代表、分销商和其他可以将产品推向市场的人。正如哈佛大学的特德·莱维特所言，"你最后才接触到顾客"。在此之前，你需要所有可以为你摇旗呐喊的中间人帮助。

（3）行业观察家。所有的行业，特别是迅速发展的行业里有很多分析家、顾问、预言家、未来学家等，他们专门从事搜集和发布信息，或者在会议上进行演讲。他们通过口碑传递方式得到信息，例如参观工厂、参加分析家会议以及同任何与该行业有联系的人进行交谈。

苹果公司赢得了行业观察家的支持。这些观察家被苹果电脑公司早期的反文化型理念所吸引。当苹果公司举步维艰时，人们会为苹果公司产品写一些真实而建设性的文章，并提出意见。他们已经是苹果公司的爱好者，不愿意看到它的失败。

（4）媒体。商业和技术媒体的90%以上重大新闻故事来自于同权威人士的谈话。记者很少根据发布会内容写新闻评论，因此你需要直接同他们交谈。你的目标是：赢得记者和其他流行创造者们对你产品的信赖。

如果想得到记者支持，就要帮助他们实现一个目标：为他们的读者创造一个正常的秩序。不仅教给他们应该怎样介绍你的产品和公司，还要学会介绍整个行业。切记一定要像对待最好的客户一样对待记者。

产品为什么失败

1990年，美国市场上的新产品达13244种。估计70% ~ 80%的产品以失败告终。失败的原因可以总结为以下几点：

（1）产品没有创造或扩展市场，因此最终与现有的成功产品竞争。

（2）产品反映出制造者的优柔寡断。管理层不能决定是改良旧产品、完全以新产品代替旧产品、将新旧产品结合还是采取价格或性能调整。

（3）成功开发出第一代产品的厂家会继续开发，或者不能判断新改良的产品在市场上所能起到的作用。

（4）在第一代产品成功后，管理层盲目自大，不能警惕未来失败的可能性。

（5）适应于一种市场环境的产品创意不再适应新的环境。

（6）民主决定如何生产和发布产品，每个人都畅所欲言。

（7）公司忽视或者没有培育消费者导向的作用。

（8）推销式营销手段代替了关系营销。

5. 公司定位

假如你想使自己的产品在市场上有个巩固的定位，你必须努力创造独特的公司定位。

如果你在产品定位和市场定位上取得了成功，公司定位也就水到渠成，因为最重要的因素是财政状况的成功。缺少了这一因素，其他的东西就没有意义。没有人愿意为一家前途暗淡的公司长期奉献。

即使是大公司也是如此。例如，一位生产经理要求一家拥有 10 亿资产的供应商解释该公司季度亏损的原因。他为什么会担忧呢？因为任何亏损都意味着员工、生产线和服务的裁减。

银弹

有时你可以利用一种或两种关键产品创造出良好的公司定位，这种关键性产品被称为"银弹"。如果你依靠这些产品赢得较高的认可度，你就能创造一个好名声，并依靠这个名声提升弱势产品的形象。

最强大的公司会将"银弹"产品和"普通香草"产品一起开发，这样才能获得最大的利润。例如，施乐公司主要通过销售复印机赚钱，但是它的新型出版设备受到媒体客户的欢迎。虽然在短期内这种产品不会赚到很多钱，但是它帮助施乐巩固了其在技术领域的领先地位，获得了可以开发任何先进产品的好名声。

形象良好的公司应该意味着以下几点。

（1）更快的市场渗透力。

（2）更好地进入市场和获得技术信息的能力。

（3）更低的销售成本。

（4）更高的价格。

（5）更好的招聘。

（6）更忠诚的员工。

（7）更高的价格盈利比率。

6. 策略

开发一种定位策略从两个步骤入手：了解公司和市场。但是这并不能直接产生一个公式化的竞争策略；这只是帮助你走上一条通向成功之路。

知识营销

想难倒你的朋友吗？只需问个简单的问题："你从事什么生意？"有人问了在硅谷生意刚刚起步的 7 个人，得到了 7 个不同答案。有人从产品应用方面看待公司，有人从技术方面看待公司，还有人从市场的位置看待公司，诸如此类等。

半导体公司、得克萨斯工具、英特尔以及国家半导体公司在 20 世纪 70 年代初期进入消费电子产品产业。几个公司都遭遇失败，因为没有一家公司适合制造手表、计算器和游戏机。休利特·帕卡德(Hewlett-Packard)公司进入计算器市场时获得成功，因为它的计算器服务于工程师这一传统的消费群体。同其他公司不同，惠普公司也知道它应该从事什么生意。

进行一次"内部审核"是了解你公司的最好方式。问一问自己以下问题。

（1）你从事什么生意？

（2）你公司的基础是什么？

（3）描述一下你的市场。是什么使它能够运作？谁是主要参与者？

（4）描述一下你公司的技术、财务和文化实力以及劣势。你的客户如何看待你的公司？

（5）谁是你的竞争对手？他们的优势和劣势？

（6）你产品的竞争力是什么？你如何加强它的竞争力？

（7）在下一年里你的主要目标和时间表是什么？

（8）你如何分割你的市场？在每个分割部分取得成功的主要因素是什么？

（9）每个分割部分重要的趋势是什么？

（10）你的价格策略是什么？

（11）你的销售策略是什么？你如何制成每个市场分割部分？

（12）服务对你公司的重要程度是多少？你的服务策略是什么？

（13）为了巩固你在市场上的领先地位，你必须做出什么改变？

（14）公司用于支撑每个市场分割部分的资源比率是多少？这些资源是否足够？

这些问题不是简单的事实和统计数字。它们可以为公司提供重要的信息和见解。让你公司所有高级人员对这些问题进行回答，他们可能会揭示出各部门或员工之间对这些问题看法上的矛盾。

经验营销

你不能凭空发展一种定位策略，这也是"外部审核"的重要性所在。传统的市场调查和统计分析不是好的办法。

一方面，调查未来的产品是不可能的；另一方面，统计数字不能让你像直接同客户谈话那样更好地了解他们；而且统计只能反映出历史，不能勾画趋势。最后，每天的建议是不同的。

正如苹果公司的约翰·斯库利所说："没有一个伟大的营销决定是根据定量数据确定的。"

那么你要做些什么？走出办公室、到市场去。在这个电子交流的时代，面对面的交流比过去更加重要。这就是为什么让经理们走出厂房到市场去是最好的调查方法。

一个数字控制设备制造商通过实地市场调查发现工人们使用这种

设备时感到困难。为什么呢？因为他们更习惯操作旋钮而不是按钮。制造商立即用旋钮替代了按钮，这使得工人感到高兴，巩固了公司在市场上的地位。数字信息能够暴露出这些问题吗？

除了观察外，你需要与拥有专业知识的人进行交流。这类人可能包括消费者、销售商、专家、财务分析家和记者。询问的问题可以是以下一些。

（1）在这些产品中，你最喜欢哪一个？为什么？

（2）你认为市场会向哪里发展？最重要的趋势是什么？

（3）你对ＸＹＺ技术的看法是什么？与ＡＢＣ技术比较，其优势和劣势是什么？

（4）你认为哪家公司是正在冉冉升起的行业之星？为什么？

（5）当你购买这类产品时，影响你购买决定的因素是什么？这类产品的价位或实用性如何？

（6）你认为这类市场限制发展的主要因素是什么？

（7）你认为谁是该行业的龙头老大？

（8）我们的公司为你提供了你需要的技术、支持和服务吗？

这种审核不是一次就能完成的，公司必须不时地监视生意环境，从而发现消费者观念的变化。工程师和高级经理以及营销人员应该定期与消费者以及该行业其他权威人士进行接洽。

独白与对话

大多数公司与消费者进行独白式交流，即他们制造产品，然后直接通过邮件、广告以及推销手段向消费者销售。读者不会对广告表示同意或否定，也不会询问问题。这不是一种对话。

只有通过双向对话，你才能同客户建立关系或使产品适应顾客需要。美国汽车制造商遇到困难，主要是因为他们认为一旦销售商买进汽车就算销售完成，他们不明白销售渠道不是销售链条的结果。

你必须思考如何进行建设性谈话，这是一种可以同消费者建立积极关系的交谈。例如，天腾电脑邀请消费者加入到智囊团中。这能帮助公司为电脑设计出新的功能以适应消费者需要。

确定一个策略

在你挖掘出你的公司和市场的所有信息后，你应该确定进行产品定位的策略。这不意味着你需要写一个营销计划，它们通常会被遗忘在书架上积累尘土。相反，要定期开会研究策略，从而确定策略已经有效地实施，并且要分析它的影响以及不断按需要调整。

定位会议的目的是确定一个定位并决定如何实现。记住定位比起提出一个新的口号要做的事情更多。你可能采取激进的方式完全改变公司方向，以新的市场分割部分为目标，或者完全改变产品。

计划会见 6 ~ 10 个来自公司不同部门的人。这种自由式的会议包括三个步骤，每个步骤持续 1 个小时或 1 天。

（1）第一步，输入。人们分享各自对公司的分析意见（来自"内部审核"），寻找出模式和联系以及考察出更好的做事方式。

考虑所有类型的关系：销售与工程之间的关系如何？目前产品与未来产品的关系如何？软件程序与操作系统的关系如何？公司与供应商的关系如何；你可以发现能够利用并取得优势的关系。平静地面对结果。

（2）第二步，分析。将你的想法写到黑板上，列出困难、竞争对手和环境因素；思考你的产品在市场上的优势和劣势。你的产品的特点是什么？与竞争者相比你的销售力量如何？你公司的声望如何？然后把这些因素联系起来考虑，看一看你能利用的优势以及对手的弱势。

（3）第三步，合成。用于处理这些意见。你要整合人们的所有意见，以及联系你的优势，从而形成一个条理分明的计划。你要在满足所有这些要素后再考虑攻守。如果你有顿悟的感觉，不要感到惊讶，这是常有的事情。透过这些杂乱无章的资料，一个清晰的未来计划将呈现在你面前。

康纬克斯（Convex）电脑按照这个过程工作成了赢家。该公司计划将新开发的一种高质电脑打入由数码设备公司 VAX 品牌以及其他电脑品牌把持的超小型电脑市场。康纬克斯知道无论他们的电脑如何好，都很难在市场立足。

该公司进行了一次外部审核，发现一个有趣的现象。市场对 V A X

一类的超小型电脑需求很大，但是人们不满足于它们缓慢的运算速度以及难以处理非常复杂的问题。此外，人们不会花费 500 万美元购买一台超级电脑。还有，超级电脑可使用的软件很少。

定位会议揭露了市场上的巨大缺口，康纬克斯公司准备填补这一缺口。它们的电脑比 VAX 电脑速度快 20 倍，可以运行所有同类软件，但是价格只是超级电脑的 1/4。

康纬克斯决定不把他们的电脑定位为一种超级 VAX 电脑，而是一种小型的超级电脑。这样不必同其他 50 个生产商竞争，只需要面对 3 ～ 4 个竞争对手。

看一看定位会议做了些什么？康纬克斯的技术没有改变，但是这次会议改变了它的营销计划。

其实康纬克斯没有什么惊奇之举，任何公司都可以采用同样的方法。

《日不落营销》

[美] 约翰尼·K.约翰松　　[日] 几次郎野中　著

◎ 简 介

虽然美国在第二次世界大战中战胜了日本，但美国人还是把日本人看作值得敬畏的并且想击败的竞争对手。在这个如果你不能击败对手就应该向对手学习的时代，美国的生意人纷纷效仿日本人的营销方式。当日本人在皮奥里亚和底特律的"后院"销售小型汽车并取得成功时，美国人却一直举步维艰。

20 世纪 80 年代以及 90 年代的商业书籍反映出美国人对日本人的矛盾心理。有些书籍集中介绍了如何在商场上击败日本商人，但是另外一些书籍则着重介绍应该如何效仿他们。

在 1997 年出版的《日不落营销》中，作者约翰尼·约翰松和几次郎野中主要介绍了日本人的营销模式。他们揭示了日本商人着眼于常识和本人的直觉，而美国公司则更喜欢进行复杂而精确的市场统计调查。

本书提出的另外一个引人注目的观点是"增效搅动"的概念。搅动是指日本公司中创新和模仿的快速循环过程。当一家公司向市场投放了一种创新产品后，其他的公司立即进行复制，并受益于这种创新。这种创新模式的循环就像龙卷风旋转一样。这个增效过程部分来自于竞争者的"合作"——他们不是相互打压，而是利用搅动使所有竞争者受益。本书摘以一个需要设计新部件的公司为案例进行分析。如果仅有一家公司拥有这种新的设计，部件供应商根本不会对投资该项新设计需要的部件感兴趣。如果新设计很快被复制，部件就不再成为问题。

本书摘介绍的他们那种非传统的营销方式是十分有效的，起码对美国公司有所启示。约翰尼·K.约翰松是乔治城大学国际商业和营销专业的教习负责人。约翰松发表了 70 多篇学术论文，还出版了教科书《国际营销》（威利，1996，周期性地进行改编）。

几次郎野中是日本东京一桥大学国际公司策略研究所的一位专家，曾经是位于伯克利的加利福尼亚大学哈斯商业学院的教授。他曾与广隆竹内合著了《创造知识的公司》一书（牛津大学出版社，1995）。

◎ 原书目录

◎ 思想精华

1988 年，通用汽车公司向市场投放了一种名叫别克瑞塔的高级运动轿车。在上市之前，为了确定如何营销这款汽车，通用公司从 1981 ~ 1987 年间共进行了 17 项研究。

瑞塔轿车获得了初步的成功，一直到不久后马自达公司推出了一款性价比优于瑞塔的米亚塔（Miata）轿车为止。

与通用汽车相比，马自达公司制造高档运动型汽车的决定基于直觉，而并非市场调查。这个观点是一位加利福尼亚的设计者提出的，他希望有人能够制造一种英国传统式的运动式汽车，同时还要拥有日本车的功能和品质。马自达公司认为这是个很好的想法，于是决定制造。

米亚塔和瑞塔轿车竞争的故事折射出日本与西方市场营销风格的冲突。

在西方，市场营销是一种专业，是一种包括统计和调查技术的复杂科学。在日本，市场营销意味着运用常识和直觉，而并非复杂的公式；营销不只是专家的专长，而是每个员工的职责。大多数日本公司至今仍然没有市场营销经理或营销专家。然而，日本公司仍然在外国市场上不断取得胜利（日本汽车制造商成功进入高档汽车市场就是一个例子）。出众的产品质量固然是赢得客户的重要因素，但是，日本人出众的市场营销模式也十分重要。

本书摘研究了为什么日本人的直觉式营销方式能在世界范围内如此成功。你会了解日本人在对待顾客以及满足顾客方面与西方营销者有何不同。你也能学到为什么美国人的复杂统计和调查会面临失败以及日本人是如何通过模仿来帮助竞争对手的。最后，你将明白日本公司是如何就营销学中的4P原则做出基本判断的：产品、价格、地点（销售）和推销。

日本的营销方式的确行之有效，现在我们就来看看他们是如何运作的。

◎ 核心内容

1. 利他的仆人

日本和西方营销的区别源自对待顾客的不同思维方式。

谨慎的顾客

在西方，消费者和销售者之间构成一个等式。销售是种交换的过程，是拥有权力的双方之间的谈判。

均等双方之间的谈判是一种零和博弈，而不是一种双赢。在博弈中，一方获胜，另一方则失败。

在这种关系下，营销者努力操纵和利用消费者，使他们购买产品。

作为报复，消费者不信任营销者。他们保持警惕："我们最好保持警惕，因为营销者总是欺骗我们。"

神轿营销

为了更好地了解日本营销者如何看待他们与消费者之间的关系，我们借助来自日本文化中的一个传统作为隐喻。

在日本神道节，年轻的男子会抬着一个古典装饰的轿子，这种轿子叫作神轿。神样家族或者神舆之神坐在神轿上。

神轿制作精美，镶嵌着很多金银和铜饰，此外还装饰有丝绸、彩色的扇子、横幅以及纸玩偶。神轿上的美丽装饰能够显示出神样家族的地位。

对于日本营销者，消费者就是神轿上的神样家族，神轿是支持消费者的产品或服务，装饰是广告、品牌名称和推销手段。

营销者的工作是装点神轿，抬着最吸引人的神轿（产品），让神样家族（消费者）看起来很愉快。能够使消费者愉快这一点将吸引消费者购买产品。

消费者是主人

在日本，消费者和销售者间的关系不是权力双方的战争。对于日本营销者，消费者是主人，销售者或营销者只是仆人。

对于日本人而言，导致这种心理的原因显而易见：销售者随时准备销售，消费者随时准备购买；销售只会在消费者的支配下发生。

一旦销售者或营销者放弃与消费者之间的平等关系，一种新的营销思维就出现了：消费者会放弃支配销售者的权力，根据销售者对一种产品了解、进行消费选择。

这是一种完整的仆人式营销心理。销售者的地位不是高于消费者，他们只是给消费者提出建议，担当消费者信任的帮手。

因此，日本营销者的目标是建立一种能够赢得顾客信任和支持的关系。这与西方营销者的斗智型营销理念完全不同。

关于人性

日本人考虑人际关系时强调在营销过程中消费者至上。他们想消费者所想，为消费者所为。

日本人理解消费者的行为比起西方的营销手法有更深和更多的要求，它要求对个人及其行为进行直觉式的理解。

以下介绍将阐述直觉式营销如何成为日本人的主要营销模式。

2. 质量至上

为了满足消费者，西方营销者采取了日本式的质量管理模式。但很多西方的质量管理模式只注重加强产品内在质量，不能实际增加消费者满意度。在以下案例中，我们将详细介绍日本人的顾客至上型质量体系与西方自我驱动型质量体系的区别。

重新设计沃克曼（Walkman）随身听

很多消费者在漫步时会摔坏新式的索尼沃克曼（Walkman）随身听。因此，索尼公司重新设计了更具弹性强度的沃克曼（Walkman）随身听。

然而，消费者不仅散步时使用随身听，而且在进行有氧运动或其他运动时也使用随身听，导致了很多消费者因机器摔坏索赔。

索尼公司已经对产品重新设计，本可以通过限制沃克曼（Walkman）随身听的索赔范围摆脱这些纠缠。但是对于日本人而言，一种对消费者使用进行限制的产品不是合格的产品。因此，索尼进行了第三次设计，开发出一种更坚固的产品。

忽视消费者

加拿大高保真音响制造商 NBD 制造的音响具有自动降噪功能，可避免声爆产生。

但是大多数消费者不需要这项功能，因此在使用音响时必须关闭这项功能。除此之外，现代的音响不需要这样的保护功能。

尽管消费者和销售商不断建议该公司去除这项功能，但 NBD 公司坚持保持这项功能，并称其为"NBD 公司的一项优势"。

但很少有人会注意 NBD 公司发明的这项功能。

3. 调查消费者，而不是数字

市场调查的目的是预测消费者的行为：消费者对新产品或产品功能有什么反应？

在西方国家，市场营销者运用复杂的公式预测消费者行为。

对于日本人，预测消费者行为不能通过科学的公式或问卷完成。他们认为最好的方式是与消费者进行直接的接触。

营销者必须直接同消费者交流。他们必须仔细观察使用产品的消费者，然后运用他们对市场的直觉和现有的知识预测消费者将如何对新产品或产品功能做出反应。

例如，日本的尿布生产公司在对母亲们进行市场调查时，他们会在家里进行拜访，这样可以观察母亲如何为宝宝更换尿布。

走近消费者

因为西方的营销过多依赖科学的手段，所以只有专业人士才能参加。而日本的观察式和直觉式调查方法可以调动公司所有员工参加。

例如，日本的公司会要求所有产品设计者、工程师、销售人员以及经理们同消费者进行交流，认真听取意见，根据消费者的想法进行产品开发研究。

在西方，有专门的机构和人士收集和分析市场调查资料，经理、工程师和设计者都不能真正地了解消费者的真实想法。

其他类型的信息

日本营销者不重视正式的市场调查，不意味着他们毫无针对性地蛮干。

日本营销者很注重翔实的市场信息，如货运额或销售营业额，并且根据品牌、产品类型或者销路等变量对这些数额进行细致的分析。

他们也很重视环境信息对销售的影响，如关于消费者生活方式的信息。日本营销者会重视能帮助他们更好地了解潜在消费者的任何信息。

> **本田的三弦式市场调查法**
>
> 观察处于购买或使用产品过程中的消费者被本田公司称为三弦式市场调查法，这中间包括三个要素：实际的产品、实际的消费者和实际的使用情况。
>
> 例如在加利福尼亚，本田的设计者和工程师通过观察迪士尼

停车场的汽车用户行为来改进汽车。根据驾驶员和乘客进出汽车的方式，本田的设计者将前门设计得更宽；座位更接近车门，这样有利于穿裙子的女性更方便地上下汽车。通过观察汽车用户打开后备厢的方式，本田设计师找到了开启后备厢盖的最佳角度。他们也意识到美国司机驾驶时肘部摆动范围比日本司机更宽，于是设计了一种凹形门。

4. 试验探求型营销：为什么起作用

西方公司在推出新的产品之前，要花费很长时间进行产品定位。具体过程为：公司首先选择一个特别的消费者目标市场，然后将新产品同该市场上消费者偏爱的产品进行对比试验。公司利用试验的结果对产品性能、设计和风格进行改善，然后对这部分目标市场的消费者进行广告宣传，最终发布产品。

直觉式渐进主义

日本人采取一种完全不同的方式：直觉式渐进主义。

日本的公司不会进行预先的试验和产品线划分。相反，他们同消费者和销售商进行交流之后，会根据直觉判断推出产品，虽然规模很小。他们会得到市场的反馈，并加以分析，随后再推出一部分产品，然后得到更多的反馈信息，再推出更多的产品，以此反复。

这样，日本人渐进式地进入市场。

例如，丰田公司不是凭借一系列不同类型款式的汽车产品打入美国市场。相反，它在20世纪50年代后期只推出了皇冠（Toyopet）牌汽车，只有一个款型。

它是如何选择该款车的呢？通过直觉，丰田相信大型轿车会在美国市场更加成功，而丰田制造的最大的轿车就是皇冠。

试验和错误

利用直觉营销会产生的问题是你的直觉不太准确。日本人知道这一点，因此他们先只是小规模地进行。

直觉式渐进主义是一个不断试验和犯错误的过程。你根据直觉进行试验；如果不成功，你需要重新进行。

皇冠轿车是一种失败产品。在美国高速公路上驾驶时，该款车的性能不太稳定。然而，大众公司的甲壳虫汽车的成功给了丰田公司一个启示，那就是：小型汽车也会有市场。因此丰田公司放弃了皇冠车的销售，而是成功地推出了小型的科罗纳车。

然后，逐渐地，它相继推出了花冠、切利卡和克里西达等车型。

接近消费者

虽然日本人根据直觉进行营销，但是并不是盲目地前进，而是像前面提到的那样，他们根据与潜在客户以及市场其他参与者的交流进行市场调查。

本田公司在美国客户的要求下开始生产摩托车；佳能在听取广大客户意见后进入专业摄像市场。

因为他们走的步子很小，渐进式地进入市场，所以日本人可以根据消费者的喜好调整策略，例如丰田公司在进入美国市场时不断调整自己的策略。

为什么要直觉式渐进

为什么日本人采取不断试验和发现错误的方式进行营销呢？

首先，直觉渐进的方式与日本人相信直觉和直接体验的思维是一致的。了解产品是否有效的最好方式就是投放市场、等待反馈，而不是进行设想的科学分析。

对于外国营销者也是如此。尽管曾经取得很大成功，但是日本人不认为他们可以完全了解以及预测外国消费者的行为。唯一可以了解他们的方式就是产品小规模地投入市场，然后等待反馈意见。相反，西方商人会果断地进入外国市场。

另一个基本原因是日本人开始营销新产品时，他们采取的策略是显而易见的。从第二次世界大战结束后开始，日本人不是创造新的市场，而是进入现有的市场，即竞争者和消费者已经存在。

最显而易见的市场营销策略是模仿和学习西方竞争者，以及获取他们技术的使用权。而基于模仿竞争者的策略不需要漫长的策略计划或产品定位。

直觉和渐进主义的缺陷

直觉式和漫长的渐进式营销不必进行策略性的思考。

因为第一步走得太仓促，你会犯下简单的错误。例如本田的第一批调研队伍到达美国时已经到了摩托车时代的晚期。

你不能轻易筛出那些导致失败的策略。例如资生堂在向小城镇药房直销过程中浪费时间。

因为你认为每件事都可以以后解决，你无法估计到问题。例如三菱忽视了民众对洛克菲勒中心外资持有的抵触情绪。这场收购变成了一场公共关系和财政灾难。

---

5. 模仿和搅动的力量

日本人受到竞争的驱使，他们将营销策略重点集中在跟随和模仿竞争者上面，随后推出该产品的竞争版本。他们很快给这种产品增加更多的功能，从而使它更加具有吸引力。

当然，为了对付对手，竞争者也会增加他们产品的功能。这种产品之间相互模仿和改进的高速循环过程被称为搅动。例如，20 世纪 70 年代，本田雅阁车的成功迅速催生了丰田凯美瑞、尼桑司坦桑以及马自达 626 的上市。再比如索尼公司的摄像机上市后，竞争对手松下、夏普等也推出了此类产品。

搅动策略如何帮助所有人

日本公司迅速地相互模仿，所以没有一家公司可以长久保持领先地位。日本公司如何在这个残酷搅动的市场上谋生呢？

这个问题的答案也是日本公司在全球获得成功的主要原因：搅动是可以增效的。增效是因为通过合作产生的优势，要大于各个部分优势相加之和。增效等式是 2+2=5，因此，搅动不会导致日本的模仿者们相互毁灭。相反，它会带给所有的模仿者额外的好处，这是单个公司难以实现的。

创新和失败

搅动不仅帮助模仿者开发新产品，而且实际上还会对开发新产品的公司产生伤害。创新不再是竞争优势。例如，夏普开发了安装小型屏幕的摄像机。这种革新性的功能没有被其他制造商完全复制，严重影响了其销售。同样，日本公司对福特新设计的金牛汽车进行仿制，产品更加完美，因此福特公司销售未能达到预期。

例如，一家公司凭借自身实力很难劝说部件供应商为他们的新产品投资新设备。当所有的公司推出同样的新设计时，部件供应商就会进行投资了。部件可以更早推出，这样公司也可以尽早把合格产品推向市场。

需求方增效

上面提到的是供应方增效，它必须与需求方增效有力地结合才能创造好的效益。例如，当日本的一组模仿者推出新产品或新功能时，这些新功能往往成为市场新的生产标准。单独一方的努力是不能实现这一点的，原因是：消费者害怕犯错误。如果很多公司提供同样的产品或功能，消费者就能确信这些功能值得使用和购买。模仿和搅动帮助消费者接受新的产品或功能。

瞄准领先产品

20 世纪 50 年代，像丰田和索尼这样的日本公司以低端产品在外国市场上站稳了脚跟。这一策略被亚洲其他国家的公司采用。然而，日本人现在的策略已经转变为瞄准领先产品。

日本的竞争者现在瞄准领先品牌、基准，在已有先进产品基础上开发相似或更好的产品。因此，丰田在两年时间内就可以建造售价比奔驰还高的高档汽车。

大众公司拉彼特（Rabbit）牌汽车的新款设计中增加了倾斜的引擎盖和高车尾，这种设计很快被本田、丰田、尼桑和马自达模仿。结果，这种设计成为标准设计，很快被消费者接受。

相反，克莱斯勒 K 型车的经典设计被认为很陈旧。

创新者会失败

搅动增效消除了任何开路者的优势，即开创或发现新市场的先驱型公司具有的优势。

起初创新者拥有全部市场。随后三个竞争者进入市场，在 12 个月内抢走一半市场。随着创新者的市场沦陷，三个搅动模仿者继续争斗。这就是日本人如何进入和占据新市场的过程。

6. 开发"新型和改进型"产品

不断开发新型和改进型产品是日本渐进式营销的基石。通过对产品的改良、复制，日本营销者通过开发新产品和新功能来赢得目标竞争者的市场。

速度是基础。日本人指派专门的多功能队伍将市场调查、产品设计和原形生产合并到一起进行，从而赢得了大量时间。

多功能队伍不仅帮助日本公司加速产品开发，而且帮助这些公司选择正确的功能或产品进行开发。

质量功能配置（QFD）方法

质量功能配置（QFD）是日本企业多功能队伍进行产品开发的一个成功案例。质量功能配置基本包含两个步骤。第一步是找到目标产品的消费群。在选定一个竞争品牌作为基准后，公司从产品的潜在和现有消费者那里搜集信息，例如询问他们对产品喜欢或不喜欢的原因是什么。第二步是工程师利用逆向工程和专业判定将消费者喜欢的产品性能同特别的设计特点联系起来，随后他们就可以确定要开发产品的设计规格。

多功能队伍的重要性显而易见。工程师和设计者必须明白如何将技术转变成消费者的收益。队伍成员必须时刻考虑到生产事项，如制造新设计的成本。利用质量功能配置矩阵将产品导向、设计、生产和营销结合起来，从而创造一种新的具有竞争力的产品。

中靶和脱靶

不是每个新产品都能击中市场的靶心，但是低质的西方产品给了日本人追赶的机会。

日本公司懂得瞄准消费者市场。一家西方公司的产品迎合了目标消费者的喜好，但是因质量问题偏离目标。日本的竞争者提供高质量的产品，但是他们并不能满足消费者的喜好。

后来，日本的竞争者通过不断地改进产品来满足消费者的喜好，

从开始起步

随着日本人成功地走向各个行业的尖端领域，他们几乎找不到任何可以进行比较和改进的模型。因此他们不得不向产品创新领域转变，完全地创新产品。

当日本人致力于自主创造新产品时，他们也不会借鉴西方发明者使用的市场调查方法。他们相信自己的直觉和与消费者面对面的交谈，例如索尼公司先开发产品，然后为这些产品创造市场。他们的理念是宁可采取机枪扫射式的方式，哪怕只能打中一发子弹，也比使用狙击枪发射一颗子弹但偏离靶心要好。

团队，并非个体

日本人不依靠单个创新者的力量进行创新。他们喜欢将一项创新研发任务交给一个多功能的团队，通过群策群力开发出新产品。

例如尼桑指派一支研发队伍开发一种欧洲车型。几个研发队伍的成员驱车从布鲁塞尔到米兰，从而切身感受欧洲驾驶员的感觉。在英国，各种不同座位的车型利用欧洲的驾驶员进行测试。

根据这个研发队伍的亲身感受和经验，他们紧固了汽车的操控和转向，并且根据欧洲人的体型设计座椅。最终，尼桑的派美汽车荣获 1990 年最佳车型。

并且在西方公司解决质量问题之前以搅动式的方法进入目标市场。

7. 营销的 4 个决定

营销决定可以归类为 4 个要素（P）。

（1）产品，包括产品线和新产品。

（2）价格，包括市场的价格定位。

（3）推销，从广告到货物售点的推销。

（4）位置，或销售渠道的选择。

在西方，不同的公司会将重点放在不同的要素上。例如在美国，联合利华极力地推销产品，但是销售并不成功；金佰利－克拉克凭借优良的产品质量而并非推销和广告而享誉全球。

同西方公司不同，日本公司更愿意就哪些因素在营销中最为重要而达成一致。产品永远是第一要素。无论是新产品还是模仿产品，所有的日本公司都为他们的产品感到骄傲。如果产品的质量存在问题，那么其他要素都会失去价值。其他的 3 个要素只是能够为产品提供附加值。

（1）以低廉的价格提供优质产品是创造一种高价值产品的重要部分。正如下框讨论的那样，推销和广告对于日本和西方的营销者起着不同的作用。在西方，营销者运用推销手段与竞争对手进行残酷的争

> 广告：形象和感觉的力量
>
> 与西方的广告不同，日本的广告很少注意产品的特殊性能或品质，原因是：日本公司会迅速地模仿竞争者产品的成功功能。因此，功能性的品质不能差别产品。作为响应，日本的广告通过体现产品价值的"柔软"方面差别产品。他们重视一个品牌的感觉或灵魂，而不是特殊的性能。这种广告标志性的价值是其他广告商难以模仿的。
>
> 日本将这种风格的广告输入到西方，但是效果大相径庭。丰田的广告词"噢，美妙的感觉"取得了巨大成功，但是尼桑最近的广告"无限 (Infiniti)"与产品偏离太远，迷惑了西方消费者。

斗；日本营销者避免进行直接的产品特征比较，更喜欢运用人性化的推销手段营造品牌形象。

（2）日本公司将销售渠道看作是与消费者保持亲近的重要方式，而并不仅仅看成是销售方式。公司销售渠道的质量在决定产品的最终价值时起着很重要的作用。

8. 价格：从开始定位产品

日本和西方公司在利用价格要素时采取了不同的方式。

西方营销者在定价和暂时削价之间有所区别。定价或推荐价是指市场定位产品的价格。为了比较产品，消费者要看定价。然而当购买产品时，西方消费者经常通过优惠券、商家推销和让利活动寻找特价或削价产品。

日本人设定具有竞争力的价格，但是随后固定住这个价格。因为他们相信决定产品销售的是产品质量和服务，不是暂时的减价。

一些西方商家嘲笑这一论断，指出过去日本人通过低价格向新市场倾销产品，以此赢得市场份额。然而对于日本人，通过低价进入市场只具有逻辑性，品牌的名字也是构成产品价值的一部分；进入新市场的产品没有品牌价值，所以价格应该比市场现有品牌要低。

目标定价

即使日本人开发一个品牌名称时，他们也不愿意大幅度地提高价格。原因之一是日本人更喜欢将重点放在建立长期销售和赢得市场份额上，而并非尽快地赚取短期利润。日本人也相信经验曲线：随着销售的增加，公司就会取得降低单个产品成本的经验，从而不用增加价格就能提高利润。

但是日本采取这种持续低价策略的主要原因并非如此。日本公司之所以能保持低价是因为他们在制造这一环节之初就已经考虑了价格因素。

西方公司通过成本来设定价格，而日本人采取完全不同的方式。他们设置生产和其他成本来满足预定的目标价格。然后他们根据价值工程学要求的成本水平来制造产品。按照价值工程学理论，产品的设计和生产方法根据成本目标选择。日本公司从一开始就选择了一种目标性的价格定位，因此，也没有必要再次降低价格。

9. 销售：接近消费者

在西方，销售就是将产品送到顾客手中。产品从不同的制造者流动到中心交换点（批发商），由他们收集和重新整理货物，并将货物分散给零售商。

对于日本人，这套系统割裂了制造者与消费者之间的联系。日本公司相信与中间商保持亲近是与消费者保持亲密的重要方式（这是日本营销的中心主题）。因此，他们致力于与销售渠道的人建立长期和专有的关系。

重视关系成为日本人没有建立西方那种中间交换点的主要原因。不是经营很多或者全部竞争产品，日本的批发商和零售商往往只致力于经销一个或几个制造商产品。制造商控制和支持着这些销售者，与之建立起一种家长式作风的关系，向他们提供帮助，以此获得忠实的回报。

外国销售

甚至在外国市场上，制造者主导着他们销售渠道的成员。外国销售者接受这种主动性的原因是日本公司经常在行业市场上占有领先地位。

日本公司也提供给外国销售者与日本销售者相同的支持，包括技术、金融和培训的帮助。日本人通过频繁的个人访问加强这种支持，这是保持中间人工作高效和积极的关键。

经理们常常发现销售矛盾可以通过人际方式轻松解决；管理者经常拜访中间商和听取他们的意见可以驱使他们更加乐意为总部提供消费者和竞争者的信息。

拯救 7-11 便利店连锁

7-11 便利店连锁为我们比较日本公司和西方公司与销售商关系的区别提供了一个生动的案例。

在美国，7-11连锁店严格按照一份经营手册进行运营，该手册对产品、商品布局和营销的其他方面进行了详细的规定；在管理者和零售商之间几乎不存在个人的联系。

相反，7-11连锁店在日本的授权经营商伊藤洋华堂公司积极地鼓励和支持各个店铺的经理进行革新，并向各个店铺指派巡视员提供尽可能的帮助。在美国，7-11连锁的生意停滞不前，而在日本却红红火火。最终，伊藤洋华堂买下了整个7-11连锁。

创造渠道

日本人是如何在国外市场创造销售渠道的呢？在所有的营销手段中，他们主要依靠人力的调查，并在不断试验中纠正错误。这种方法会取得成功，但也可能在初期遭遇失败。例如，当尼桑和丰田的市场份额还很低时，它们与销售美国车和欧洲车的销售商发展关系。

另一方面，比如资生堂化妆品公司决定直接通过药店连锁店打入美国市场。但这是个错误，因为药店连锁店的消费者往往跟随大型商场的消费趋势进行消费。直到资生堂公司将营销重点放在大商场时，他们才敲开了这个市场。

10. 西方营销者的教训

通过本文摘，我们可以从日本直觉型营销思维中总结出五个主要教训。

（1）与消费者和中间商培养坚实的关系。这样你才能在必要时进行直觉式的判断。在没有了解市场的前提下进行盲目判断是危险的，在预测消费者行为时会导致错误出现。

（2）协调地利用复杂的市场调查手段以及对市场和消费者的直觉判断。数字是很有必要的，但是基于人力调查的直觉型判断也很重要。

（3）步步为营。今天的市场难以预测，因此要渐进式地进入新市场，随时准备进行市场判断。这种方法可以加速你的发展，提高经营的灵活性。

（4）出色的产品功能、质量只是起点。在消费者眼中，一种产品的地位、形象和售后服务将是与其他产品进行差别化的重要因素。

（5）不要认为一家公司可以"拥有"市场。模仿是很容易的，任何竞争者都可以改变消费者的喜好。

> 告诫
>
> 　　日本公司会迅速地尝试市场的深浅，然后做出调整。西方公司只有在制定好一个长期目标后才会迈出第1步。
>
> 　　在过去，日本的营销方式很成功，因为第1步该做什么是很清楚的，例如改进和模仿产品。但是现在日本公司成了市场领导者，第1步的目标不是显而易见的。日本的经理们必须为公司创造新的、预想性的目标，从而指导未来的营销策略。

《登上忠诚的阶梯》

[美] 默里·拉斐尔　　[美] 尼尔·拉斐尔　著

◎ 简 介

一些有关商业方面的书籍以介绍革命性的商业观念或方法论为主，其中有些东西是人们以前闻所未闻的。然而，有些突破性的书籍则属于例外情况。这些商业书籍的贡献不是突破了智力的束缚，而是为商业人士提供了工具，帮助他们理解、接受和采取那些可能指引他们走向成功的心态和行为。通常，这些工具都很简单，而有效的框架结构则有利于使用者理清他们的思路。

《登上忠诚的阶梯》的概要还引进了一种简单但有效的隐喻框架，这种框架通常用于管理客户关系。依据作者尼尔·拉斐尔和默里·拉斐尔（父子顾问组合）的观点，公司的目的就是要引入新客户，随后让他们登上忠诚的阶梯，使他们成为公司产品或服务的忠实拥趸。由于对公司及其产品的热爱，处于顶层阶梯的客户不仅购买你的产品或服务，也进行销售。通过技巧贴士、个人范例以及案例研究，拉斐尔父子向其读者说明了是什么让客户一步一步登上了忠诚阶梯的顶层。

尼尔·拉斐尔和默里·拉斐尔是拉斐尔市场营销的合伙创始人。

尼尔·拉斐尔创建了公司的数个分支机构，包括一个图书分公司（拉斐尔出版社）以及一个针对超市行业的年度营销会议（超市协会）。他毕业于斯沃斯莫尔学院和得克萨斯法学院，曾经是纽约市一家日用品贸易公司的总裁。他是数本著作的合著者，包括《艰难时代的艰难销售》以及《忠诚营销资源》。

拉斐尔市场营销董事会主席默里·拉斐尔，是在直销和广告领域的一位重要发言人和顾问。作为戈登·艾礼（大西洋城的一家数百万美元的购物中心）的开发者，他为 4 本杂志和 1 份电子时事通信撰写月度专栏，即《拉斐尔报告》。他还创作或与别人合著了 10 本有关市场营销方面的著作。

◎ 原书目录

◎ 思想精华

吸引顾客并令他们一次又一次的惠顾,是任何生意中的基本挑战。因为没有顾客就意味着你没有生意。

但是你如何让潜在顾客——那些徘徊在作者称其为"忠诚阶梯"最底层的人——攀登至阶梯的最顶层并成为你生意的狂热拥趸?

下面将告诉你如何去做。

* 你要学习销售、推销、直接邮寄广告、介绍产品、社团服务以及其他能够吸引潜在顾客并让他们走进你的商店或办公室大门的方法。一旦这些人进入你的生意并准备购买,他们就成了购物者——阶梯最下面的一个台阶。

* 你要研究如何不让购物者被态度恶劣的雇员或令人不适的环境吓走。你要学习如何让人们购物——并且再次购物——通过恭敬地对待他们、写感谢信以及倾听他们的需要。你的购物者抵达阶梯的再一个台阶时,就成了客户。

* 你要学习如何运用特殊的促销手段、免费服务以及其他额外优待来回报你的客户。你要明白做到你所承诺的甚至更多事情的重要性。

＊ 你要真诚地对待你的客户。一贯的良好服务和额外的关注将你的客户提升至忠诚阶梯的又一个台阶：他们成了忠实的主顾。

＊ 你要为你最好的客户保留忠诚的计划和给予他们其他特殊待遇。对这些主顾进行奖励会将他们提升到阶梯的最后一层。他们成了你的拥趸，热情地向他们的朋友和同事介绍你。

但是重要的是，拥趸最初也只是被吸引并走进你公司的潜在顾客。

◎ 核心内容

1.寻找潜在顾客并将他们拉进商店

为了吸引潜在顾客，你首先必须锁定他们。从向自己提问开始："我目前的主要客户大多数居住在哪里？"很可能，那就是你的潜在顾客居住的地方。

计算出居住在那个区域的家庭的总数量（邮局局长可以提供这个情况），将那一数字与你的客户数量进行比较，大概了解你的潜在顾客群的大小。例如，如果在那一地区有5000户家庭，而你拥有1000位客户，那么你就锁定4000位潜在顾客。

将他们拉进商店

现在，你如何让那些潜在顾客走进你的商店呢？

首先，否定任何有关最多选择、最低价格的想法。那些方法可能适用于沃尔玛或是玩具反斗城，但它们不一定适用于你。

太多的选择意味着高额的存货成本和较低的利润；过低的价格将引起价格战，并且没有人能获胜——可能除了沃尔玛和玩具反斗城。

这里有其他一些方法将潜在顾客转变为购物者。

为潜在顾客在你商店的第一次购物创造一个主要的理由。例如，运用销售和推销技巧；以成本价或更低的价格提供他们感兴趣的东西；将它们像广告那样写出来——实际上那就是广告。

成功四步骤

简单的"成功四步骤"可以吸引并留住顾客。作者预计,这四步骤可将你的业绩每年提高 10 个百分点。

原则:一天进行 4 项联系活动。

你可以通过电话、邮件、引荐或亲自拜访,以及任何你想要的组合方式进行这些联系活动(4 个通过电话,2 个通过邮件和 2 个通过电话,等等)。只要你能够坚持逐日进行这些联系,至于怎么做到的并不重要。

勘查

你都联系哪些人?从朋友和你熟知的人开始,可能就存在某些会使用你的产品或服务的人,但你从未向他们寻求业务。

为你的每日 4 项联系获取更多的联系对象,例如通过熟人、供应商或客户的介绍。金融分析师和保险代理商知道,寻求介绍要比给潜在顾客打电话实际上更有效。

最后,你平均每天接触 4 个新认识的人:同飞机的同乡旅客,午餐时你经介绍认识的人,售货员等等,向他们散发你的商业名片。如果你忽略了这些联系人,你可能让潜在的客户从你身边溜走。

建立忠诚

不要仅对潜在顾客运用 4 步骤方法,它也是与现有客户保持联系的一条有效途径。

联系高端客户,告诉他们你的商店新进了一条产品线——或仅仅表示感谢他们的惠顾。你的客户将记住你对他们的重视。

向现有客户征求潜在顾客的姓名。新客户的最佳来源就是现有的客户。保险代理商和金融策划师对这一点非常了解。

尝试直接投递广告。大多数潜在顾客居住在某个特定地区。向这一地区的每一个人分发广告,提出一项他们不会拒绝的建议——比如,提供免费礼物。直接投递广告是小型企业开展业务的最有效的工具之一。它让你能够接触到众多的但是目标明确的人们,自你试图吸引的潜在顾客到你要保持联系的忠实客户。

与客户打成一片。大多数成功的小企业主都与他们的社区打成一片。通过少年棒球联盟、学校、市民俱乐部、商业团体以及其他当地组织，你将结识潜在的客户并给他们留下印象。

强调培训和学习。每周和你的员工开会回顾有哪些新情况出现，并征求看法。员工是产生招引客户的创新想法的重要来源。

读、看、听。通过贸易期刊、贸易协会会议或涉及你生意领域的磁带，或仅仅是通过与你所在行业的成功人士进行交谈，向他人学习经验。

进行日常工作的假日。当你旅游时，去类似的商店购物，从别人的经营中你能学到什么？

收费站网络

一位有进取心的股票经纪人表示，可以在最意想不到的地方发现潜在的顾客。在收费站，他把车停在一辆豪华轿车的前面，然后为他自己的车以及他后面的那辆车都付了钱。随后，他请服务员把他的名片交给后面那辆车的车主。当豪华轿车驶上前时，服务员不要他交费反而交给他一张名片。名片的背面有一行手写的留言："如果您认为这是不寻常的，那您应当去看看我是如何进行股票和证券交易的。"

2. 用活泼的广告吸引潜在顾客

报纸广告和电台广告是吸引客户的重要途径。电视广告作为一种选择，价格高昂。

（1）报纸。在报纸广告中，你必须在读者浏览报纸的时候抓住他们的注意力。因此，标题是广告最重要的一部分。

为了吸引注意力，广告标题必须满足两个条件之一：承诺收益或勾起好奇心。例如，你经销的西装可能是涤纶和羊毛混纺的，所以在你的标题中，要将西装说成可以"长年穿着"。

至于好奇心，如果广告撰写者太过追求反而适得其反。不要使用与广告没有任何关系的言过其实的标题。一时之间，它可能会吸引客户，但是那不会长久。

标题之下就是正文了。这里的规则就简单了：开门见山，直奔主题。要以现在时态并运用短小的句子和段落来撰写广告。要令其活泼并让人感兴趣。

最后的提议：使用单词"赠送"，例如"买一赠一"，你肯定能够吸引读者以及客户的。

（2）电台。电台是一个适应性的行业。大多数电台专注于某一特定类型的音乐或形式。这对你是有帮助的，因为广播电台吸引的是具有相似兴趣的听众。所以，如果你想要寻找与现有客户具有相同特点的潜在顾客，你只要问那些客户他们在听什么电台就可以了。那就是你需要在上面播放广告的电台。而且，如果有可能的话，购买靠近新闻的时段。那是收听人数最多的时段。

在电台广告中，你需要尽早并经常性地做两件事情：确认你的产品并向听众承诺收益。

不要提及过多的产品，这样听众能够记住一些；

避免不专业的语句；

运用幽默，它也可以出售。

（3）电视。由于有线频道的增多，电视变得更具竞争力，费用更低廉。像电台广告与报纸广告一样，你的电视广告应当迅速抓住观众的注意力。

首先，要展示你的产品以及它是如何运作的（例如，英菲尼迪就了解，平淡的图片是卖不出汽车的）。

其次，别聪明过了头。奇怪的视角容易让人产生混淆，虽然电视幽默经常产生轰动效果。

运用推销手段

富有想象力的推销手段能够吸引成千上万的购物者走进你的商店。

南卡罗来纳州的"小猪店"零售超市，每年举行一次"玉米节"，包括吃玉米比赛以及评选每年的"玉米小姐"。

听上去很愚蠢？可能，但每年有 5 万名游客参加这项活动——在一个只有 2500 人的小镇。

当然，你没有必要举办吃东西比赛或是选美盛典。名人签名或是 4 小时抢购也能获得成功。赠送免费礼物或进行抽奖，会吸引更多的人。

3. 将浏览的人转变为忠实的购物者

购物者就是那些你说服其拜访你的店铺的潜在顾客。但是，他们还没有做出购物的决定。

人们为什么要购物？有两个基本原因：良好的感觉和解决问题。

你走进一家餐馆去享受一顿美食。你购买人身保险，以防发生意外时，你的配偶和孩子能获得保障。

如果你能给客户带来良好感觉或提供解决其问题的产品或服务，那么你就能够把东西卖出去，除非你把购物者吓跑了。

令购物者感觉舒适

在购物者踏入店铺的最初 8 秒钟，他们会断定感觉是否舒适。无序或恶劣的购物环境以及态度恶劣或不能提供帮助的员工，肯定会妨碍购物者成为客户。

如何失去一位客户

在最近的一次超市购物经历中，本书作者之一需要帮助寻找蜂蜜。他所询问的第一位员工告诉他："嗨，我只是兼职人员。我不知道东西在哪儿。"熟食柜台后面的一个女人说："我只知道我柜台后面的东西。"肉类部的男人指着围裙上的血迹说："我不属于蜂蜜部。"是啊，他不属于蜂蜜部。作者拎着半篮食品离开了。他已经成为购物者了，但是永远也不会成为一位客户。

有一位购物者最近去一家汽车经销店购买汽车。售货员穿着一件 T 恤衫，一边喝着苏打水，一边走上前来问道："嗨——有什么可以效劳的？"

"不，谢谢。"这位购物者说，随后他立刻离开去了另一家经销店。

建立客户忠诚

一位购物者来到一家大型食品商店的熟食柜台。尽管没有其他顾客在等候，但工作人员直到她拿到号码才为她服务。她买了需要的东西，但是永远不会再光顾这家商店。

购物者可能会买东西，但是那并不必然会令他（或她）成为客户。那购物者还会回来吗？

有几种办法能确保一次性购物者成为一位忠实的客户。

（1）记住他们的姓名。在销售中，你要获取他们的姓名、地址、电话号码以及购买的物品，发现他们喜欢什么以及其他特征。

（2）致以感谢信。这是获取他们姓名的原因之一。感谢信会给购物者留下印象并推动他们成为有价值的客户。

（3）在购物时提供"减价"。例如，下次购物提供折扣。别担心损失金钱，最后你会成功的。

（4）询问他们的需求。坚持回复意见箱是询问客户所需的另一条途径。

（5）提供预先保证。当购物者走进商店时，他们应当看到在商店里的每一件商品上都有保证书。

> **汉纳·安德森：成功故事**
>
> 比起在美国占主导地位的涤纶衣物，冈恩·德纳特更喜欢家乡瑞典出产的柔软的、全棉儿童衣物。用祖母的名字汉纳·安德森命名了公司，德纳特决定要向美国的父母们卖出瑞典风格的儿童服装。
>
> 德纳特通过《父母》杂志上的一个小广告锁定了潜在顾客。在10年中，她建立了一个5000万美元的公司，其中大多数来自于分类购物者。她如何能够吸引并迅速留住如此多的客户呢？首先，她为他们提供所需的东西：耐磨但是柔软的衣物，多次水洗后依然色泽亮丽。同样重要的是，她对待客户非常好。新客户可以得到10美元的礼物券；员工们经过培训在电话中友好且能够提供帮助。如果客户不满意，在原始货物退回之前，将立即进行换货。如今，这成了一种保证。

4. 客户为什么会离开你？

是否曾探究为什么某位曾经在你那里消费的客户不再光顾了？针对客户流失的原因已经进行了许多研究，并且他们都讲述了相同的故事。

（1）13%的客户离去是因为投诉没有得到处理。

（2）10%客户离去是因为竞争。

（3）9%客户离去是因为他们搬到了其他地方。

（4）68%客户离去没有任何特殊原因。

换句话说，7/10的客户没有任何特殊原因就不再光顾了。你相信吗？不，不相信。肯定存在某个原因或一系列原因才导致那些客户离去的。

（1）他们离去是因为你从未告诉过他们你很在意他们或他们对你很重要。

（2）他们离去是因为你从未说过"谢谢你"以及"欢迎下次光临"；

（3）他们离去是因为无论什么时候走进你的商店或公司，你的员工都太繁忙而不能去接待他们；

（4）他们离去是因为对账单存在疑问且被告知"计算机是那么处理的"。

客户不会"没有任何特殊原因"就离去。他们离去是因为你给了他们这样一个原因，他们离去是因为感觉不满意。他们通常不说什么，也从不抱怨，但是再也不会回来购物了。

> **基本规则**
>
> 许多公司对于购买特价产品的客户不够尊重。客户永远是客户并且应当得到正确地对待——如果你想留住客户的话。
>
> 一位客户拿着一张免费前往夏威夷的升舱优待券来到一家航空公司的柜台。代理人看着优待券，绝望地说："哦，你买了其中的一张。""是的，"这位客户承认，"并且'其中一张'意味着我是你们航空公司的一位非常好的客户。"代理人叹了一口气说："好吧，我想我得填表格了。"这位客户有些恼怒反驳说："我认为你没有理解什么是基本规则，那就让我来告诉你。你支出管理费用，我提供利润。"

5. 倾听客户需要

留住客户的最好方法就是倾听他们的需要。

确保你的销售人员花时间去倾听客户的需要而不是试着说服他们买东西。

通用电器最近进行了一次客户调查，以查明为什么销售额没有提升。结果引用率最高的一个回答是："你们的销售人员话太多了。"

调查和焦点小组

另一种倾听客户需要的办法就是通过客户服务调查，例如在宾馆房间里的调查问卷。

或者尝试使用焦点小组。召集 10 ~ 15 个从年龄、种族背景、收入等方面代表某个横截面客户的人，要强调你更感兴趣的是他们不喜欢你公司的什么地方。试着发现你做错了什么是非常重要的，原因是：大多数客户不会抱怨——他们仅仅是离开。

数据库

如今，技术让你能够为每位客户以及他们的采购行为建立完整的数据库。使用这些数据库去研究你的客户，探究交易情况，并发现问题所在。

数据库将向你显示哪些客户不在你的公司购物了。联系这些用户，并找出他们离去的原因。

如果你倾听客户的需要，你可以为他们提供所要的东西，并且表示你很在乎他们。

飞回棒原理

费尔格·奎因，爱尔兰最大超市的所有者，认为公司应当遵循"飞回棒原理"。公司应当确保留住现有的客户，而不是整天考虑招纳新的客户。

"目前，"奎因说，"你们的方法可能像打高尔夫，让球飞得尽可能远。当你把飞回棒扔出去的时候，你的目标不一样，策略不一样，

并且你评估结果的方式也不一样。"

一个简单的例子：许多商场狡猾地将糖果放在付费通道小孩能看见的地方——当他们排队结账时，小孩就会向父母索要糖果。奎因挪走了糖果。虽然他的超市售出了较少的糖果，但是拥有了更加愉快的客户。

同样，在每次购物活动中，客户可获得用于兑换商品或礼物的积分。短期内，奎因可能要放弃利润。但是他知道客户会回来的。

6. 让你最好的客户感觉到他们很重要

要确保你最好的客户能够感觉到自己的重要性以及你对他们的谢意。作为你的忠实客户，他们应当得到这些。

按特殊方式对待他们将使他们到达忠诚阶梯的下一个台阶，成为优秀的客户。他们将成为一次又一次光顾你生意的主顾。

奖励

有 10 种方法来表达你的谢意。

（1）提前通知。在第一时间告知他们有关特别供货、打折等等的情况。这些是你的一级客户，要投递一级宣传单，并且要特别告诉他们，他们是第一个了解情况的——否则他们不会知道自己接受了特殊待遇。

（2）对他们特别优待，忘掉节假日。对于忠实客户，打折是不需要理由的，也不需按时间表进行。同样，一定要告诉他们，这是专为他们准备的。

小赠品

小小的意想不到的赠品可以让客户感觉到欣喜并鼓励他们下次再来光顾你。

例如，如果你销售 VCR，就赠送免费光盘。或随售出的冰箱附赠鲜美食品。

一家家具商店经常随交付的家具提供一点小赠品。餐厅套装，赠送一花瓶玫瑰花。休闲椅，赠送杂志架。卧室套装，赠送两只枕头。

（3）对于你通常收取少量服务费用的项目提供免费服务。不对他们收取礼物包装、隔夜送达或任何服务的费用。

（4）来自非竞争性商店的礼品券。各方都获利：客户很感谢这个礼物，其他商店感谢公司，而你建立了忠诚度。但是要让这些礼品券物有所值，给他们一张"满500减50"券不能算是礼物。

（5）不定期的免费礼物。例如，为你最好的客户送去一张意想不到的礼品券——不需任何条件，除非他们是良好的客户。

一家商店为他最佳客户中的100位提供了帆布购物袋，上面印着商店的名称。这样，等于是有100个移动广告牌在大街小巷为它做宣传。并且在许多情况下，当客户带着包袋走进商场时，他们总会买一些东西放进包里。

（6）所需即所得。隔夜送达、同日送货、特殊服务……没问题。攀登忠诚阶梯的客户永远是正确的。

（7）当他们需要你的时候，你能为之所用。有人忘了取走一条为参加当晚会议而修改的裤子？重新打开商场——即刻将一位客户转变为一位主顾。

（8）令你获益的"附赠"服务。例如，一家宾馆提供将旅客行李送上飞机的服务，这样赢回了一批忠实的主顾。

（9）他们知道我是谁。客户知道你在通过电脑与他们交流，但是公司称呼他们的姓名这仍然建立了忠诚度。

（10）忠诚计划。要建立拥有特殊收益的特别俱乐部，例如价格间断。客户忠实度越高，所获得收益就越丰厚。

赌场如何对待豪赌的人

每6周一次，一辆豪华轿车将执行官斯坦·格兰勃从家中接走并送至芝加哥欧海尔国际机场。随后他乘坐飞机前往大西洋城并在豪华的赌场宾馆房间逗留数日。格兰勃的房间、航行、餐饮以及豪华轿车由他赌博的赌场全包——对忠诚客户的奖励。

赌场开设如何对待良好客户的全部商业课程。

首先，赌场了解他们的客户。他们知道那些挥金如土的人的名字、地址、习惯以及好恶。

其次，赌场已经准备好满足顶级客户的需要。他们进行了计算，除去豪华轿车、航行以及宾馆费用，他们仍将获得巨大利润。

赌场纵容他们的豪赌客户，你呢？对于你最忠诚的客户，你将怎么做？许多公司甚至不能确定最好的客户，更不用说为他们提供特别优待了。其他公司为下次购买行动提供例如打折和优待券的特殊待遇，但是他们对每个人都提供这样的好处，他们没有区分出豪赌的人。

不要走得太远

警示注意：仔细计算，了解给出了多少，以及什么时候停手。

在成本和收益之间必然存在联系，大西洋城克拉里奇赌场酒店的总裁罗伯特·雷尼森说："你们讨论的是关于轿车代理商的折扣或食品商店豌豆的打折或赌场的免费赌筹。"

7. 做你所承诺的……和更多的事情

客户成为主顾的首要原因就是你一贯能够履行承诺。

如果你许下了承诺，例如，在一定时间内完成维修工作，那么在最终期限之内就要完成；如果你承诺全镇最低价格，那么就要实行这个价格；如果你承诺了某项准确的预测，那么就要坚持它。

如果你遵守诺言，客户将继续光临，从主顾变成拥趸。

听起来很简单，但是每位客户都经历过公司违背诺言的事情。例如，宾馆所宣传的诱人价格，实际是"单人／双人间"。是的，价格说明印刷得很清晰，但是客户始终感觉他们支付了宾馆承诺价格的双倍。

客户满意度

一贯提供守诺服务或产品将为你带来主顾，但是你应当想客户所未想。目标要高于客户服务，目的是为了让客户满意。

例如，一位叫"兰兹"的客户打电话预订一件衬衫，衬衫被准时送到。这就是优良的客户服务。

一位叫"兰兹"的客户打电话要为她的弟弟预订一份礼物，但是她不知道她弟弟的尺码。工作人员建议说，可能她弟弟以前向他们预订过商品。于是她在电脑中搜索弟弟的资料并找到了之前的购买记录，其中包括尺码。这就是客户满意度。

"不，我做不到！"

一位顾问最近下榻在某宾馆，这家宾馆的员工都佩戴着"是的，我能做到！"的胸牌。

为了赶飞机，顾问询问接待员宾馆是否能够邮寄一些滑尺。

"没问题。"接待员说，然后前去服务员领班那里。

服务员领班不同意："我们不那么做，那不是我们的工作。"

顾问建议服务员领班摘下他"是的，我能做到！"的胸牌，换上一块"不，我做不到！"

8. 承诺你所做到的

一位广告公司会计经理正在拜访他最大的客户之一的工厂——一家酿酒厂。

他注意到有一些穿着橡胶衣服的人用流动蒸汽清洗玻璃瓶。他打算以此作为广告宣传内容。但他被告知，这个做法无助于广告宣传，所有的酿酒厂都使用蒸汽以确保玻璃瓶卫生、清洁。

然而，这位会计经理却创造出获得全国范围成功的广告语"我们使用流动蒸汽清洁酒瓶"。虽然这位会计经理知道所有的酿酒厂都在做同样的事情，但是这没有关系——因为顾客不知道。

顺便提及，其他酿酒厂很快也播放广告声称他们也使用流动蒸汽清洁酒瓶。顾客可能会认为他们是一些缺乏创意的模仿者。

让我们来看两个有关创建客户满意度的案例。

快乐檀香山

作者之一——一位檀香山的定期游客，对他所住宾馆的服务感到不满意。

他致电卡哈拉·希尔顿酒店——另一家他经常入住的酒店，表示他对目前的住宿情况感到不满，并询问该酒店是否还有房间。酒店接线员回答说有房间，并补充说："我注意到您经常入住318房（作者从未注意过），那个房间现在已经有客人入住了，但是我们可以给您安排就在它正上方的一个房间。"她报出价格，随即作者就乘坐出租车前往该酒店了。

抵达酒店后，工作人员告知他出现了一个错误。他所订的房间附带阳台，因此费用较高。"但是我们给您提供一个较低的价格，那就是您所要支付的金额。"她说。

作者来到他的房间，发现一盘海岛什锦水果拼盘，还有经理的一张留言："很抱歉您的假期开始得不太顺利。但是从现在开始，您将拥有美好的时刻。"

每天，他的房间都会有一盘新鲜的什锦水果。

于是，作者成为卡哈拉·希尔顿的忠实顾客。

冷的菜肴，热情的服务

作者之一和朋友一起去一家餐馆吃饭。其中两道菜不是很热，作者向服务小姐提出了这一点。服务小姐马上致歉并立刻重新加热了菜肴。这就是良好的服务。

这顿饭快要结束时，服务小姐说："很抱歉给您带来不便，我们为此提供免费的咖啡和甜点。"这就是客户满意度。

当然，作者也成了这家餐馆的忠实拥护者。

9. 用特殊待遇奖励忠诚

在忠诚阶梯的最后一层站立着公司的拥趸。

这些拥趸不仅仅是良好的客户或长期主顾，而且对你公司拥有如此深的印象以至于他们向朋友和熟人推介你的公司和产品。

如果你遵循在此摘要中的建议，一直以新购物者的感谢信到免费礼物回报忠实客户，你已经为客户转变为拥趸做好了准备。

你可以通过奖励忠诚使得你的客户最终成为公司的拥趸，并为他们独立制订忠诚计划。

忠诚计划

忠诚计划用特殊待遇来奖励客户的忠诚。该特殊待遇包括免费商品或服务、其他客户无法获得的特别出价，以及特殊权限。

奖励忠实的客户不再是什么新鲜事。印花收集计划或积分计划，其中每位购物顾客都可以拥有积分以兑换奖品，这些方法近年来在零售业中普遍运用。

随着美国航空公司飞行里程累积计划的出台，忠诚计划向前飞跃了一大步，该类计划首次得以运用于服务行业。其他的航空公司和酒店很快也推出了它们自己的累积计划。

忠诚的权限

赋予你最好的客户以其他客户所没有的权限。

酒店的退房时间一般为中午，但是对于拥趸，时间为下午 6 点，并且提供新鲜的水果和感谢光临的信件。

为拥趸提供特别报价，以及没有打折的最低消费量。

在他们生日寄去礼物优惠券。

不要让拥趸等待。给他们设置专一的电话号码以及专人等待的线路。

每年至少给他们写一次信，询问他们想在你身上看到的改变。

通常，该计划允许客户累计分数以进行未来消费。他们还赋予客户特殊权限（例如，机场特别休息服务）。

在大多数情况下，忠诚计划围绕俱乐部建立。封闭式俱乐部是客户支付费用参加的忠诚俱乐部。例如，任何人都可以在沃尔玛购物，但是客户需要支付一笔年度费用以参加山姆会员店。

以下是两家不同公司提供给顾客的内容。

喜来登酒店

从客户调查中，喜来登发现酒店俱乐部的一般关注度（免费房间、升舱、晚点退房）都排名于客户的优先选择——航空里程之后。

喜来登围绕航空里程创建了新的计划：

每年至少入住 2 天的客户，其所支付的订金，1 美元兑换两个航空里程；每年至少入住 4 天的客户，1 美元兑换 3 个航空里程。

在这个水平上，会员资格是免费的。支付 25 美元，客户从支付的订金中 1 美元兑换了 3 个航空里程，再加上特殊权限，例如升舱、快速入住和退房以及礼物奖励。

Dr.Oetker

Dr.Oetker，德国的一家烤制产品公司，也在客户调查的基础上制订它的计划。调查显示，大多数客户为老年人，许多潜在的新客户（年轻女人）不懂得如何烘焙。

解决方案：Dr.Oetker 烘焙俱乐部，目标为 18 ～ 38 岁带小孩的妇女。

支付 25 美元，会员资格包括以下一些。

（1）定期食谱。

（2）产品示例。

（3）莫凡比冰淇淋和假日旅店的旅游折扣。

（4）儿童食谱比赛。

（5）有关烘焙问题的“测试厨房”热线。

Dr.Oetker 烘焙俱乐部拥有 10 万名年轻的烘焙师会员。这些客户认真地进行他们的烘焙操作：“测试厨房”热线每月接听电话约 700 个。

开放式俱乐部或对个人开放或应邀开放。例如，常旅客计划，通常面对个人开放；常住酒店客人的特别金卡俱乐部则仅应邀开放。

无论它们如何构造，所有的忠诚计划都有相同的目标：向客户提供挽留性质的特别待遇。这就保证了客户的再次惠顾。并且如果被问及推荐事项的话，这些客户将立刻想起你们公司来。

《跨越鸿沟》

[美] 杰弗瑞·A. 摩尔 著

◎ 简 介

本书中，杰弗瑞·摩尔认为高科技产品需要有自己的市场营销策略——牛奶和其他非技术产品或服务所采用的市场营销策略对高科技产品来说丝毫不起作用。原因是高科技产品的购买周期。具体而言，新的高科技产品通常被摩尔称之为"最先使用者"的人（early adopter）购买，这些人一般是渴望新产品的高科技迷。过去，市场营销者认为客源会逐渐从这一小部分高科技迷扩大到大量的主流消费者。但是，实际上，许多产品在奋力争取主流消费者的过程中缓缓地走向衰落。"最先使用者"与主流消费者之间存在着巨大的断层——鸿沟。摩尔写道，市场营销的目的就是想方设法地让你的产品跨越这个鸿沟。

杰弗瑞·摩尔是一位演讲者、畅销书作者，同时还是一位顾问。他是鸿沟集团的创始人、ＴＣＧ咨询公司的合伙创始人和执行董事。摩尔先后完成了《跨越鸿沟》及其续作《龙卷风内部》、《猩猩游戏》（与汤姆·基波拉和保罗·琼森合著），最近他又完成并出版了《与达尔文商榷》。

1992年创建鸿沟集团之前，杰弗瑞·摩尔曾是吉斯·麦肯纳有限公司的合作伙伴和负责人。他还在几家软件公司担任过市场销售部总经理。

摩尔在斯坦福大学获得美国文学学士学位，并在华盛顿大学获得英国文学的博士学位。

◎ 原书目录

◎ 思想精华

要想在高科技领域赚钱，就需要把高科技产品快速推上市场并让消费者接受。任何一种高科技产品上市后，总会有人紧随其后，试图赶上并超过你的产品。问题在于，最初为占领高端市场和赢得"最先使用者"所用的策略在公司开始向主流市场进军时已经不起作用了，但是主流市场才是公司真正赚钱的地方。主流市场购买产品或者购买产品的理念与"最先使用者"不同。公司要想在这两个市场之间拓展产品，占领市场，就必须跨越这条鸿沟。在这本 1991 年的经典著作的修订版中，摩尔更新了他的一些理念和案例，更好地适应了自从著做出版以来科技产品市场发生的变化。

◎ 核心内容

1. 如果比尔·盖茨可以成为亿万富翁

虽然在高科技行业中获得成功并不容易，但是在过去 20 年里，已经有许多人获得了巨大成功。这种成功让人感觉高科技行业就是发家致富的绝好机遇。比尔·盖茨做到了，你为什么就不能？为什么不是每一个企业家都能取得这种辉煌的成功，尤其是当他（或她）的产品在该行业中还名列前茅时？甲骨文公司（Oracle）比西贝斯（Sybase）公司更好吗？微软办公系统就一定比 Wordperfect 办公系统强吗？奔腾优于苹果与 IBM 和摩托罗拉联合开发的处理器（Power PC）吗？到底是什么使一种产品获得成功，而让另一种产品沉沦的？

当某种产品失败时——不管该产品是否比其竞争产品优越——这个倒霉的公司实际对其竞争产品起到了推波助澜的作用。而这种不确定性很难让公司挣到钱。如果美国的全球竞争战略是在世界其他地方推广市场，那为什么高科技领域会有这么多公司关门大吉？

事实证明，目前的高科技产品营销模式忽视了两个独立市场之间的巨大鸿沟：最早使用产品的消费者市场，这个市场是由一些科技迷主导的；另一个市场则是由一大群实用主义者主导的主流市场。能赚到大钱的是那些能够跨越这两个市场之间的鸿沟的公司，而关门大吉的往往是尝试失败的公司。

2. 高科技产品的市场营销

想象一下，如果1998年通用汽车公司将电动汽车投放市场，福特和克莱斯勒也一定会紧随其后。这些车和以前的汽车也没有什么大的差别，除了它们的噪音更小、更环保。那么，你什么时候打算买这种电动汽车呢？

你的答案就回答了你对高科技产品的态度和你接受新产品的模式。

"我想成为我的圈子里第一个拥有电动汽车的人。"

——革新者或最早使用产品的消费者

"我要亲眼看到电动汽车是如何证明自己好用的，而且要等到有足够的服务维修站之后再考虑是否购买。"

——最早使用的大多数消费者

"直到大多数人换成这种汽车，而且证明它就是比燃油汽车方便时，我才会买。"

——后来使用产品的大多数消费者

"即使地狱都结了冰，我也不会买的。"

——消费迟钝者

高科技营销模式

高科技产品营销模式中至关重要的是对使用高科技的态度如何。现在的"非连续性革新产品"对消费者而言需要他们改变现有的行为模式。比方说，高清晰电视就与目前的转播标准不符，它需要消费者寻找新的节目来源。而作为"连续性革新产品"的普通电视而言，它在为消费者提供清晰的画面的同时，根本不需要改变消费者的行为模式。

根据消费者对"非连续性革新产品"富有特征的回应以及对他们的社会心理分析，消费者可以分为几组。而这些社会心理分析可以成

为研究和发展高科技营销模式的工具。高科技产品市场就要从革新者
或最早使用产品的消费者开始向消费迟钝者开拓市场，应该将已经购
买本产品的某一组消费者作为向另一组消费者开辟市场的基础。通过
不断地开拓市场，公司才能造就一种流行效果，让本产品自然地变成
另一组消费者愿意购买的消费品；才能领先于下一次科技革新的浪潮。

Innovators	革新者
Early adopters	最早使用产品的消费者
Early majority	最早使用产品的大多数消费者
Late majority	后来使用产品的大多数消费者
laggards	消费迟钝者

购买高科技产品周期表

使用周期中出现的裂痕

不幸的是，硅谷里的许多事例表明，购买高科技产品的运行周期
并不像高科技营销模式一样。

该模式中的基本消费者群体虽然没有发生变化，但是两个群体之
间却出现断层，这表示两者之间有鸿沟。这就导致从处于图表上端的
消费人群开始推广产品时，会遇上困难而不容易进入到下一个消费人
群的市场。每个消费群体之间的断层意味着市场营销时刻都有可能中
断，公司可能在断层上失去开拓市场的动力和利润空间。

（1）第一个裂痕。它是指在革新者和最早使用产品的消费者之间
的裂痕。这个裂痕出现在一个革新产品还没有准备好而被推广给其他
人时——世界语（Esperanto）就是一个例子。感兴趣的消费者对它的
句法结构十分着迷，但其他人却怎么也弄不懂应该怎样使用它。

（2）第二个裂痕。它产生在最早使用产品的大多数消费者与后来
才使用产品的大多数消费者之间。这个裂痕将把使用新科技产品的消
费者与不会使用产品的消费者区分开来。可编程的 VCR 和高档办公复
印系统就是很好的例子。

鸿沟，这条间隔很大很深的裂痕将最早使用产品的消费者与最早使用产品的大多数消费者分隔开。在高科技产品的购买周期中，这是最艰难的转换过程。看起来两者的顾客名单和订单数量好像没有太大的差别，但实际上两者的销售理念却有着明显的不同。最早使用产品的消费者是为了在竞争中处于优势地位而购买促进变革的产品；而最早使用产品的大多数消费者则是购买在现有生产条件下能够提高生产率的产品。当高科技产品的营销人员在尝试逾越这条鸿沟时，他们找不到现成的参考基准和来自市场的帮助。

高科技产品市场营销的启示

在这篇文章中，市场营销是指采取必要的措施创造、发展、保持甚至是捍卫自己产品真正的市场，而不是虚拟的市场。对高科技公司而言，真正的市场就是拥有真正的或潜在的顾客；拥有一套产品或服务体系；有市场需求；在决定购买前，可以有个参考。

人们一定了解前三个条件的含义，但一般不了解最后一个。高科技市场中的消费者在购买产品时，有相互参考的意向——这就是高科技产品营销获得成功的关键之处。

> 两个不同的市场
>
> 如果有两个消费者因为同样的原因购买了同样的产品，但是他们没有相互谈及该产品，那么他们不属于同一个市场。如果某公司卖给一名波士顿医生示波器测试心跳，同时也出于同样的目的将同样的仪器卖给一名扎伊尔的医生，而这两名医生没有相互谈论过该产品的话，该公司实际上是在开拓两个不同的市场。
>
> 高科技迷（革新者）是最早意识到新的科技产品的潜在价值的。他们愿意花时间研究新产品的工作原理，他们会花1000多美元购买HDTV、DVD播放器和数码相机。他们要求知道真相，不想商家耍任何手段。因此一发现问题，他们会找技术层次最高的人咨询，想率先成为使用新产品的消费者。在大公司中，高科技迷虽然不能替其他消费

者做出购买的决定，但是他们却能和老板们一起点燃消费者的兴趣，提供反馈信息，改进产品技术。

高瞻远瞩者（最早使用产品的消费者）寻求的是一种技术创新。他们对商界中相关的技术进步很敏感，而且愿意为这些商品提供咨询和建议。他们着眼于科技所促成的策略性跃升所带来的重大价值。他们想要的不是改善，而是突破。一旦发现产品的技术不是他们所想象的那样，他们就会马上离开。

实用主义者是指最早使用产品的大多数消费者，他们代表了市场上购买产品的大多数人群。他们购买产品不是为了一个梦想，而是为了能够得到可度量的和可预期的改善和发展。这些人关心产品的质量、相关支持性产品以及可靠的服务。咨询和他们彼此之间的交流对他们来说相当重要。

保守主义者是指后来使用产品的大多数消费者，占潜在消费者总数的1/3。然而高科技产品的市场营销经理们却没有好好发掘他们。这些消费者通常害怕高科技产品，抵制"非连续性革新产品"，而且还会阻碍他人的参与。他们倾向于在高科技产品周期的最后才购买打折的产品。

怀疑主义者即消费迟钝者，会妨碍高科技产品的销售。他们不相信科技产品能够真正增加价值，他们总担心如果新产品没有像购买时商家所承诺的那样工作时该怎么办。这部分消费者的批评意见可以帮助改进产品的质量。

3. 给鸿沟下定义

在高科技产品购买周期模式中的每个群体都有他们自己的消费理念、偏好、需求和购买行为。公司的消费群体可以从革新者跨越到高瞻远瞩者，从实用主义者跨越到保守主义者，但是高瞻远瞩者和实用主义者之间的鸿沟却很难跨越。

实用主义者为什么不喜欢高瞻远瞩者

这里有四个基本原因。

（1）缺乏对同行价值的尊重。高瞻远瞩者是看到一项新科技产品的潜在市场和竞争优势的第一类消费者。因此，他们将自己看得比竞争公司的领导者还要聪明。实用主义者则十分珍视竞争公司中同行的表现。

（2）比起行业，他们对科技更感兴趣。高瞻远瞩者对未来充满希望，厌倦了他们自己行业中世俗的东西，而实用主义者则不在未来的事情上下太多赌注。

（3）没有认识到现有产品基础的重要性。高瞻远瞩者希望从头创立新的体系，制订新的标准，所以他们从来不指望现有的标准。实用主义者也希望有新的体系，但他们不能容忍高瞻远瞩者们忽视已有的主要实践。

（4）全面的分裂。实用主义者认为高瞻远瞩者是那种总是为了自己喜欢的计划筹集资金的人。如果计划成功了，他们就拿走所有的好处，让实用主义者努力维持市场；如果计划失败了，高瞻远瞩者又是头一个远离这场灾难的人，把残局留给实用主义者打扫。

4.D-Day 的类比

跨越鸿沟、进入主流市场是一项进取性的行动，它拥有生杀予夺的大权。这种权力将定位一个具体的市场空缺，并对该市场大力投入支持。D-Day 盟军登陆诺曼底提供了一个很好的类比。

（1）长期目标是进入并掌握主流市场（欧洲），该主流市场目前被竞争对手（轴心国）所控制。

（2）公司将其他公司的产品（盟军）集合起来组成一支部队。

（3）短期目标是从早期市场（英国）向主流的战略性目标市场（诺曼底海岸）转移。

（4）鸿沟（英吉利海峡）将公司的目标一分为二。

（5）公司要尽快跨越鸿沟，集中一点进行攻击（D-Day）。

（6）公司要将竞争对手赶出它的目标市场（确保滩头抢登成功）。

（7）然后，出动部队，占领其他市场（法国各地）。

（8）最后，获得整个市场控制权（解放欧洲）。

这个战略对刚起步的企业来说，似乎是违背常理的，所以很少有人采用。但是不确定市场空缺就想跨越鸿沟的做法就像没有工具就想点火一样枉然。大部分公司认为他们没有时间或金钱来定位和开拓市场缺口，因此这些公司是销路驱动型而非市场驱动型的。

当然，找到市场缺口并赚到钱后，公司才能得以生存。市场缺口应该是有选择性的，这样才能获得进入更大市场的切入点。

帕尔姆皮洛 [(Palmpilot) 美国 3Com 公司] 的产品的成功

当其他公司的 PDA(即 Personal Digital Assistant，个人数码助理）产品还在痛苦地挣扎、想跨越鸿沟时，帕尔姆皮洛 (Palmpilot) 公司的 PDA 产品却已经进入了主流市场。他们产品的目标市场是高科技公司中的管理阶层。

最早进入市场的 PDA 产品是夏普的奇才 (Wizard) 系列和卡西欧的老板 (Boss) 系列，但是它们的功能十分有限，它们没有日历功能，电话簿也只能手动输入。即使苹果的牛顿系列也不尽如人意。后来帕尔姆皮洛公司推出的 Lx 系列 PDA 功能强大，拥有一个键盘、DOS 系统、Lotus 1－2－3 软件和一个文字处理器。

帕尔姆皮洛公司的产品外观小巧，拥有一个微软视窗界面，使用者可以方便地上传或下载需要的信息；该产品还同时附有一个手写功能。这种 PDA 正是市场、科技行业管理层人员所需要的，它解决了顾客的大麻烦。公司根据目标市场的需求设计生产产品，避免了市场风险，获得了巨大成功。

瞄准攻击点

一个公司面对高风险而又没有消费者信息的市场时，应该怎样选择市场缺口呢？跨越鸿沟已经有很高的风险了，但是现在公司董事又不得不做出重大的市场决定。已经体验过产品的人群——高瞻远瞩者们与新的目标顾客——实用主义者很不一样，所以据此推断结果是很不明智的。

市场策略清单

一旦决定了市场缺口，问问自己以下的问题——所有这些问题都是跨越鸿沟的因素。

目标顾客——是否有一群经济实力雄厚的顾客，并且能够进入产品的销售环节？

不得不购买产品的理由——实用主义者生活中的问题还没有解决吗？如果没有，他们会购买产品。

完整的产品体系（the whole products）——高科技公司对目标顾客不得不购买产品的理由是否有一整套解决方案？

竞争——其他竞争公司在跨越鸿沟之前是否已经解决了这些问题，并且占领了目标市场？

合作伙伴和联合——我们是否已经和一起实现完整的产品体系的公司建立了良好关系？

销售——准备好销售渠道了吗？

定价——产品的价位与目标顾客的购买力相辅相成吗？

定位——公司在向目标市场缺口提供产品和服务时信誉如何？

下一个目标顾客——目前的顾客和合作伙伴有利于你的公司进军下一个市场吗？

有凭有据的直觉（informed intuition）在决策下达时，远比理性和分析的方法令人信服。顾客在你脑海留下的印象成为顾客角色化（characterization）的表现，每一个角色都暗示着你要采取不同的市场策略和个性化的市场行为。

为了找到市场缺口，公司需要关注目标顾客的角色化形象。许多在跨越鸿沟时遇到困难的公司都是因为他们只对目标市场表示了应有的关注。尽可能地创造出多种角色，每一种都代表不同形态的顾客和应用产品。当开始进行时，可列出 20 ～ 50 种不同的角色；但由于彼此相似的程度很高，经过简化和归纳之后，可得出 8 ～ 10 种不同的方案；然后再将这 8 ~ 10 种可接受的方案排定优先顺序。

对科技爱好者来说，进军市场缺口是富有挑战性的，因为他们不具有实用主义者的反应，而且不相信这些缺口中有市场动力。重要的是快速做出选择并且进入市场，没有必要选择最理想的"滩头堡"。目标顾客会主动推广产品的，只要公司已经解决了主要问题。早期对该过程的市场调查表明，目标市场和目标顾客真的能起作用。

组建攻击武力

发动一场战争建立市场，在这个市场上，唯一有理由购买的就是新产品。目标市场是有强制性理由购买产品的市场。为了做到这一点，目标顾客必须能够买到完整的产品。

完全产品模式代表着 4 种不同的产品观念。

（1）普通产品——装箱运输并由购买合同保险的产品。

（2）预期产品——顾客在购买普通产品时以为自己已经买到了自己想要的东西。这是有机会获得购买目标的最小化的产品和服务。

（3）增值产品——能够最大量地提供购物目标的产品。

（4）潜力产品——当越来越多辅助性产品问世后，本产品的增值空间增大。

Generic product	普通产品
Expected product	预期产品
Augmented product	增值产品
Potential product	潜力产品

完整产品模式

当一种新型产品刚问世的时候，市场的争夺战是在普通产品的层面展开的。当市场不断扩大、发展，并进入主流市场时，处于中心的产品功能变得越来越一致，而战争迅速转移到外圈。

要想统治主流市场，就必须生产出完整产品。与高科技购买周期相比，当产品从左至右发展时，完整产品外圈的增长至关重要。实用主义者想让完整产品自始至终都存在于市场上，他们喜欢像微软这样的产品——微软的教材在书店随处可见，举办培训研讨会，甚至还有热线服务。即使其他产品的性能真的很好，比如办公系统 Corel 或 Lotus，作为一名实用主义者，他也会选择微软的。因为这些竞争的完整产品根本比不上微软的。实用主义者等待这种有市场竞争力的产品上市，并坚定地支持它挤垮其他竞争对手。

早期市场和主流市场之间的最大差别就是早期市场中的顾客愿意负责拼凑出完全产品（在竞争中取胜），但是在后者市场中则没有。

现在，一个公司需要关注穿越鸿沟必需的完整产品——完整产品能够确保目标顾客强迫性购买产品。一般而言，高科技产品只有80%～90%的完整产品被提供给目标顾客，很少有100%的。任何少于100%的完整产品，目标顾客要么自行找到剩下的产品，要么感觉自己被欺骗了。高科技公司必须克服这个难题，谋求市场的发展。

合作销售和战略合作销售正成为增大市场竞争力的一种方式，但是他们在现实生活中的合作远不如在会议桌上的默契。一般而言，如果他们合作的唯一目的是在特定的目标市场中加快完整产品基建的组成速度的话，那么他们之间的策略性合作会进行得比较顺利。

界定战争

规划好完整产品并找到必需的合作搭档后，剩下的唯一障碍就是竞争。界定竞争，判定他们与目标顾客的现有关系和评估怎样做才能将竞争对手赶出目标市场十分重要。

实用主义者想亲眼看到激烈的市场竞争，但如果公司在早期市场上的产品领先一步的话，那么竞争不会太激烈。在主流市场上，竞争被界定为同一类商品的比较性评估。这些比较性的评估能够证明实用主义者对产品的信任度有多少。既然竞争是购买行为的一种基本状态，那么就有必要运用创造竞争和有效定位的手法，使我方的产品让潜在顾客易于采购。

竞争大多来自于替代性的工作方法，而来自竞争产品本身的则较少。

将产品在市场上的某一类消费者中定位，实用主义者在这类买主中已经建立起良好的信誉，此时再将新产品推出，使之成为消费者的购买选择。创立一个替代性市场——目标顾客愿意长时间购买其公司的产品——和替代性的产品，推出"非连续性革新产品"并且在市场中进行类似定位。要知道虽然竞争能够给新产品信誉，但是要适当地将它们进行区分。将竞争重点集中于实用主义者的评价和他们的关切，而不是高瞻远瞩者的。建立一个目标顾客的评估表，确定他们认为最合理的竞争模式是什么。

硅谷图形公司（Silicon Graphics）——制造电脑工作站和超级电脑的公司

硅谷图形公司将其电影编辑程序定位在好莱坞销售。传统的编辑程序是剪切和拼接电影，但如果胶片上没有你想要的镜头的话，唯一的办法只能是花巨资拍摄。

硅谷图形公司开发了一种"非连续性革新产品"：如果你想要的镜头不在胶片上的话，就使用该产品。数字编辑远远胜过模拟的办法，这是传统的产品所不及的。这种产品成为市场上的替代性产品。但此时，要求艺术家们接受这种产品并让电影制片人为其买单却容易制造信誉危机。太阳公司和休利特－帕卡德公司都拥有先进的Unix电脑工作站，它们成为硅谷图形公司的竞争者，这两家公司都承认硅谷图形公司的产品，但都不肯为电影业开发额外的业务。

硅谷图形公司在这件事情上表现得十分认真，他们表示愿意支持包括自己在内的3家公司的工作站。太阳公司和休利特－帕卡德公司用标准端口连接传统计算机的外部设备和网络。而硅谷图形公司的电脑工作站还有许多种其他端口，这些端口可以用来连接胶片编辑的仪器设备。因此，他们打开了市场缺口，而别的公司却没有。

发起攻击行动

选定合适的分销管道与合适的定价方式是发动攻击的最后两个环节。选择让实用主义顾客感觉舒服的销售渠道是最主要的目标。在这期间还要找出合适的定价推动销售，用销售指导型的定价来吸引适合顾客。

分销渠道

最主要的几种分销渠道如下所述：

（1）直销——这种销售渠道包括卖方直接雇用的一群敬业的销售团体（IBM）。

（2）双层零售渠道——卖方将商品给第一层零售商，这层零售商可以储备货物并向第二层零售商发货（Ingram）。

（3）单层零售渠道——超市就是这样的单一实体，可以出售大量商品，兼具批发和零售的双重功能（CompUSA）。

（4）网络零售——是便民的单层或双层销售渠道，这种销售方式不需要特别的技术支持（戴尔）。

（5）双层附加值转售——无名的增值转销商（ＶＡＲ），他们擅长某种技术，在消费者与产品之间搭建桥梁。通常这种消费方式都是针对十分复杂而不便于零售的产品（网络）。

（6）全国销售（National roll-ups）——市场将增值转销商放到一个全国性的销售链上（ICON）。

（7）原始设备制造商（OEMS）——这是一个二至四层的交易过程。制造商将购买的产品组成一套系统，直销团队找到这些制造商后，出售这套系统（美国汽车制造商）。

（8）系统集成商（systems integrators）——其实这不算是一个真正的销售渠道，而是一个工程机构，专门为有特殊要求的用户生产大型计算机设备。

这些销售渠道都是为不同的目的服务的。直销最擅长找到顾客的需求所在，而零售超市则能满足顾客的这种需求。在跨越鸿沟时的目的就是创造主流顾客的需求，而尽快开发一种能够满足这种需求的销售渠道十分重要。系统集成商和增值转销商在提供完整产品和获取更大利润方面做得很好，但是他们的销售量并不大。要跨越鸿沟，就应该先将直销作创造需求、渗透目标市场之用，然后再使用在不丧失完整产品的情况下扩大销售量的销售渠道。

定价也十分困难，因为有许多争夺、控制、影响因素存在。

（1）顾客型定价——视顾客不同的消费心理而不同。这种定价是基于对拥有的高科技产品的评价以及与竞争产品之间的比较，主要的定价战略就是通过比较使保险保证金在标准之上。

（2）卖主型定价——这种定价要考虑到产品的成本、销售成本和应允的报酬率，虽然这些因素短期内在市场上体现得不十分明显。这是跨越鸿沟的最糟糕的一种定价方法。

（3）经销商型定价——高瞻远瞩者支付的价钱可能很高，但不要让这种事情发生在实用主义者身上，因为实用主义者才是产品的大市场。但是，如果价格太低，经销商又没有利润空间。

最好的解决方法就是在市场领袖的价位上定价，巩固市场领袖的地位；向分销商支付与差价相比较高的报酬，这部分报酬可以随着产品逐渐在主流市场上站稳脚跟而减少。

5. 跨越鸿沟

鸿沟不仅仅是市场营销遇到的问题，它的影响可能扩大到企业的所有部门。财务部门、组织部门和资源与发展部门都要为进入主流市场做好准备。因为还没有跨过鸿沟的公司受到已经跨越鸿沟公司所作承诺的制约——通常这些承诺都是在早期市场中匆忙做出的。所有部门必须作好准备迎接公司的转型。

等待跨过鸿沟的公司的目的是为了挣钱，不像已经跨越鸿沟的公司，目标是为了创造新的产品。早期市场上的企业并不把主要精力放在赚钱上，因此他们的行为不必遵循以赚取利润为目的的传统的经营理论。

那么，经营者和投资人应该怎样改变他们的行为来抵消这条鸿沟呢？投资人只能期望当可持续完整产品问世并占领主流市场时，取得可观的投资回报率。公司从开拓者到市场占有者的转变过程中，管理方式也要变化。一旦跨越了这条鸿沟，管理层就会发现他们关注的是创新，而非管理。如果愿意他们可以开创另一种产品，甚至开创另一个公司。

　　最后，当跨越鸿沟时，公司应该增加两个新职位：一个职位是目标市场经理，他负责管理高瞻远瞩者的产品，从中获知完整产品中还需要哪些产品；另一个职位是完整产品经理，他负责找出所有完整产品的不足之处并加以改进，使之更适合推广到主流市场。

《打造顶尖企业的 12 项原则》

[美] 拉里·唐斯　[美] 梅振家　著

◎ 简介

在数字时代的辉煌时期，拉里·唐斯和梅振家合著的《打造顶尖企业的 12 项原则》是一本介绍公司如何利用互联网和电子邮件等新技术进行营销的书籍。作者在书中首次提出了"杀手应用"这一概念形容这一科技应用。公司可以从中发现和利用这些科学技术带来的优势进行营销。例如，戴尔公司利用杀手应用策略在互联网上直销电脑。

《打造顶尖企业的 12 项原则》一书详细介绍了发展数字战略的基本步骤。数字战略已经为广大营销者接受和利用，如调用市场资源、创造价值共享、发布信息和利用信息获取财富。该书作者引用的案例不仅包括普通的美国公司，还包括诸如德国联合 VEBA AG 集团、比利时石油和巴克莱银行等大型企业集团。

当然，科技迅速发展受到重创以及残酷的 IPOs 公开募股行为出现之后，只有几个具有创新精神的新技术公司仍然稳健。

难道是杀手应用策略过时了？不尽然。所有公司不论大小都意识到作者在书中的论点：如果你知道如何利用技术，网络和因特网会提供巨大的机会。钢筋、水泥公司并不像预测的那样消失，但是发展数字战略的基本步骤还是应该受到各个公司的重视。

拉里·唐斯是一位演讲家、作家和顾问，目前是西北大学的助理教授。梅振家是钻石科技公司的合伙人，同时担任《康泰克斯（Context）》杂志的执行主编。

◎ 原书目录

1. 分裂性科技的法则
2. 成为数字策略的营销商
3. 外包生产
4. 调用市场资源
5. 开发独特的产品和服务

6.	创造价值共同体
7.	合伙做生意
8.	为客户进行改变
9.	依靠电子界面
10.	发布信息
11.	关注信息财富
12.	淘汰现有的价值链
13.	结合利用潜在的杀手应用
14.	向孩子学习

◎ 思想精华

一股杀手应用（科技应用）的浪潮波及整个商业。对于很多有准备的个人和公司，它许诺了难以置信的机遇，而对于其他依然按照传统方式营销的个人和公司，它威胁到了其生存。

杀手应用是指能够给世界带来迅速和巨大变化的发明、商品或服务。轧棉机就是一个例子，亨利·福特的 T 形车也是一个例子。

今天的杀手应用包括个人电脑、电子基金转账和文字处理程序等。很多由科技和经济力量创造的应用还处于起步阶段，对我们既是机遇又是挑战。在半导体科学的推动下，世界经济已经从工业经济时代发展到信息经济时代。

今天，人类依靠自身能力将信息转变为由电脑处理和网络传输的数字形式，最终导致了因特网的普及。

作者在文中用案例对数字策略进行了深刻的分析，讨论了运用数字策略使用的主要工具和技术。此外，作者还介绍了公司在采取杀手应用策略时应该做些什么。

（1）首先，"你必须能够看到这个趋势的到来"。然后，做好准备，比如加大科研投资、寻找合作伙伴或者创造新的生意模式。最重要的是，你必须对公司进行巨大的改组。否则，你可能会遭遇失败。

（2）杀手应用已经构成威胁了吗？当然是的。今天，杀手应用处于发展阶段，正对你的现有生意构成威胁。

（3）你能做些什么呢？首先要对本书摘的内容有基本的了解，这可以帮助你将杀手应用转变为一个机遇。

这是能够做到的，也是必须要做到的。

◎ 核心内容

1. 分裂性科技的法则

数字科技成为现代历史上最具分裂性的力量，原因是存在两个基本原则。

第一个原则是摩尔定律，该定律是由英特尔的创始人戈登·摩尔提出的。30 多年前，摩尔发现新一代的半导体产品总是比上一代容量更大、体积更小，但是造价一样。他认为半导体产品更新换代时间为 18 个月。

因此，摩尔定律认为："每隔 18 个月，半导体的处理能力就会增加一倍，但是造价保持不变。"这也就解释了为什么你购买的最高端电脑会在一年半之后过时。

但是摩尔定律没有就新技术为何传播如此之快做出解释。要对此有所了解，你需要另一原则——梅特卡夫定律的帮助。

罗伯特·梅特卡夫是 3Com 集团创始人，他提出，新技术只有在很多人使用时才具有价值。例如，电话本身没有价值；几部电话连在一起很便利，但还不是很具有价值；上百万部电话形成一个网络时才具有价值和巨大应用性。

根据梅特卡夫的观点，网络的可用性等于用户数量的二次方。无论你创造什么发明，使用的人越多，其价值就越大。同时产品价值越大，吸引的用户就越多。

在一定程度上，你的发明将达到临界点。它如何更快达到这一点取决于使用的成本的高低。在产品或服务的有用性和花费成本之间做出衡量后才决定是否购买。

因特网是个很好的案例。它在 1993 年达到临界点，因为它是基于公开的标准之上。因特网公开了其秘密，促使其得到了跳跃式增长。

> **改变运动场**
>
> 如果你知道如何利用杀手应用，你就能避免成为杀手应用的受害者。以下是戴尔公司的做法：
>
> 戴尔公司通过因特网每天可以销售价值 300 万美元的产品和服务。网络销售可以减少存款，因此戴尔可以在 24 小时内将订单变为现金。
>
> 与此相反，它的竞争对手康柏电脑平均每个订单需要 35 天才能转成现金，并且公司的存货很严重。这是因为需要通过销售商而并非杀手应用而保持运转。

二阶影响

起初，科技的变化只对科技产生影响。但是科技发展一旦达到临界点，其他体系——如我们的社会、经济和政治竞技场——也会受到影响。例如，政府对基于因特网的电子商务的到来毫无准备。现在政府将制订相关的法律，但是科技变化的速度远远超过了政府立法的速度。

杀手应用是分裂法则的结果，是指数科技应用和渐进式社会变化之间冲突的结果。如果你感觉自己无法追赶上日益迅速发展的科技并对此感到不安，这说明你已经体验到了分裂法则的作用。

唯一的解决办法是采取杀手应用策略。因此，你必须亲自发展一种数字式营销策略。

2. 成为数字策略的营销商

要放弃陈旧的营销计划。你不再能够期望根据现在的经营情况预测未来，因为科技正在极其迅速地改变着经营环境。在今天的数字时代，你需要一种数字化营销策略。

数字化营销策略同陈旧的营销策略在若干方面存在差异。例如，传统上讲，通常是资历高的经理们被指派在有限时间内为公司制订一个3～5年的计划。这些计划只把科技看作是实现预期变化的工具。

在数字化营销策略时代，科技直接产生变化，同时为你的公司带来机遇和挑战。数字化策略是动态的，需要不断地进行重新思考和调整。你没有太多时间进行思考，因此你必须学会更多地依靠直觉和创意。

邮政机构说："哎唷！痛呀"

美国邮政机构遭受了挑战。在其200年的历史中，它在投送信件领域具有垄断地位。

电子邮件很快成为一种杀手应用，等邮政机构发现其威胁时已经太晚。邮政机构的几十万辆邮政车、80万名分信员和邮递员以及36000个地方邮局处理业务越来越少。

同时，电子邮件的使用却方兴未艾。寄信者只需要很短暂的时间就可以发送报告、问候卡、相片和资料。要是在以前，这点时间还不够找到一个大小合适的信封。

邮政管理局局长马文·鲁尼恩并非唯一在杀手应用打击下蹒跚而行的人。通过对30位执行总裁的访问以及400名高级经理的调查，我们发现各个行业都受到了波及。这些经理一致认为科技正在改变他们经营的基础。很多人感到科技也正在改变着竞争的形式，这是他们难以理解的。只有一小部分人知道如何应对这些变化——他们很可能"在黑暗中吹起口哨"。

例如，当《花花公子》的执行总裁克里斯蒂·赫夫纳推出网络版的杂志并率先推出数码照片时，她内心感到时机成熟。这个网站获得了巨大成功，《花花公子》从广告中获得了巨大利润。

打好根基再发展

发展一种数字化策略就像建设一座楼，第一步你要改变地貌，即你做生意的环境。要做到这一点你可以采取以下方式：外包给顾客，调用市场资源，开发独特的产品和服务，创造价值共同体。

每个建筑包括一整套相互连接的网络系统：你可以通过将每笔交易变成共同投资而把这个系统连接起来，在不给顾客造成痛苦的前提下进行改变，依托电子界面，尽可能地发布更多信息。

最后，定义你的组织结构——将陈旧的结构替换为注重信息财富的新结构，淘汰现有的价值链，创造潜在的杀手应用，向孩子学习。

这总共12条原则就像是进行建设的标准。你可以利用它们发展你自己的杀手应用。

VEBA AG公司案例

VEBA AG是德国最大的综合性集团，年收入超过420亿美元。公司经营范围延伸到电子、化学、石油、运输、房地产、贸易和批发。

执行总裁乌尔里希·哈特曼打算把VEBA集团从工业时代带入信息时代，使每个子公司拥有其他子公司可以利用的专家和客户资料。但是公司组织和技术障碍阻止了信息的流动。

一份关于VEBA集团的评估报告显示该集团在利用数字科技方面远远落后于其他行业的领头者。网络、电脑等数字设备的广泛应用使VEBA的管理者们意识到他们已经落在后面。

VEBA的管理者们对此感到惊讶，并开始思考采取何种方式才能更加有效地利用公司内的信息系统资源。

一部分人声称他们可以负责引进新的技术，另外一部分人声称他们计划对其他公司应用的技术进行试验。他们开始讨论如何互相合作来实现目标。

他们开启了新创意之门，朝着数字化策略迈出了第一步。

---

3. 外包给顾客

你可能已经外包了一些功能，如购买、记账和信息处理等。外包允许你把精力放在你做得最好的方面——由于交易成本的下降，外包变得更加便宜、更加高效。

数字科技将外包带到了一个新的水平。你能够让你的顾客帮你收集数据和实现客户服务功能。通过建立一个网站，客户可以登录和跟踪定购、管理购买订单以及开发产品。

联邦快递的包裹跟踪系统是个很好的例子。数据库允许客户使用自己的电脑跟踪包裹的邮寄情况。

联邦快递意识到自身系统的杀手应用潜能，又增加了其他的功能。例如，收执数字签名以及允许客户确立提取时间和在自己的设备上打印包裹单的软件。

假日酒店的网站帮助旅行者找到离目的地最近的宾馆，并且可以进行网上看房和预订。如果第一家已经住满，该系统还可以推荐第二家最近的假日酒店。这个过程完全由客户控制。

让客户开发产品

谁会比最终的用户能够更好地帮你开发产品呢？让客户帮助你开发产品并且向他们支付酬劳，例如定制化的产品或者提高产品周转次数都是很有价值的。

> **案例分析：英国石油集团在德国实施的数字化策略**
>
> 克里斯·布伦南是英国石油公司驻德国加油站的地区经理，他想寻找一种新的财富资源。在德国，商店晚上实行宵禁，但是加油站和附带的小卖部不受此约束。布伦南准备利用这一竞争优势进行投资。
>
> 他和他的团队借助数字科技，并且与商人以及信用卡公司合作推出了英国石油集团多媒体购物亭。每个购物亭中设有触摸显示屏，顾客可以借助它选择商品。第二天，他们便可以从加油站取走商品。
>
> 德国的购物者很喜欢这种购物方式。他们厌倦了传统的限时购物、肮脏的购物环境以及粗鲁的服务员，他们已经习惯于通过购物亭进行日常购物。
>
> 在慕尼黑，这种购物亭推出后一个月内，布伦南和他的团队多

> 次重新设计软件，增加了购物亭的数量。这样，他们才告知英国石油集团总部所做的一切。
>
> 这就是数字时代的营销策略方式。涉及科技应用、战略合作以及创新思维等方面，冗长的分析和自上而下的指令不复存在。

Huls AG 公司是德国处于领先地位的专业化工产品制造商，该公司通过一种虚拟设计实验室让客户参与研发。这种实验室不仅使用简单，而且比传统的通信渠道如电话、传真、邮件和会议等，更加廉价和可靠。

在该公司的虚拟实验室中，公司和客户可以直接交流。你也可以在你的网站上采取相似的方法。

4. 调用市场资源

你可能不愿意推出对自己现有产品或服务形成竞争的新产品或服务。但是在这个飞速发展的数字时代，你必须与自己竞争。虽然这意味着你可能失去现有的一部分市场，但是你可以运用杀手应用打开新市场。

马弗尔娱乐集团首先在网站上推出了最新的连环漫画书，然后又推出印刷本。随后的几个星期，该书的销量就已经创造新的纪录。马弗尔集团开创了网络漫画时代。

证券经纪商查尔斯·施瓦布为网络客户削减了佣金以及发布新的软件工具。为什么这样做？因为网络竞争者E商（E-Trade）公司为网络客户提供了更加低廉的价格。施瓦布以及其他公司意识到，如果他们不进军网络，那么就会失去现有市场。因为新兴公司已经在网络中占据了有利位置，使用网络的客户也在不断增加。

新媒体，新规则

对于信息提供商来说，利用现有的商业机会至关重要。信息在网上自由流动，很容易被任何人在任何时间复制传播。其关键是意识到数字媒体不是传统媒体的延伸，它们需要新的方法、新的规则和新的观念。

《华尔街》杂志建立了一个网站，但是网站内容与出版的杂志内容完全不同。网站为新闻故事提供了更加详细的档案信息，为读者建立了专门的讨论论坛，还提供了最新的金融、股票和有关各公司档案、数据以及发布的信息等资料。

在试用期间，超过 60 万名用户注册该网站。网站的成功试用吸引了众多用户有偿注册，为《华尔街》杂志开创了新一代的网络产品。

5. 开发独特的产品和服务

科技的发展降低了为每个客户制造产品和提供服务的成本和难度。作家斯坦·戴维斯把这种方式称为大规模客户定制服务。

例如，普安卡斯特（Pointcast）公司提供的电脑屏保可以提供客户需要的内容，从商业信息到体育新闻到休闲话题。因图（Intuit）公司迅捷金融网络用户可以通过网络进入他们的股票账户，随时关注自己股票的动态。这个网站也提供退休计划咨询服务，帮助你计算个人退休收入。

因为客户喜欢个性化的产品，所以这些产品很受欢迎。对于公司而言，这些产品或服务成为系统的一部分，可以提供比传统邮件调查更多的客户信息。

甚至是公共事业公司也可以提供客户定制化服务。实际上，公共事业公司必须实现提供客户定制化服务，否则客户会选择其他供应商。

一些机构采取实时定价方式，提供设备的远程控制服务以及为客户提供定制化的广告推销服务。还有一些公司采取"网关"方式销售电话、家庭保安和娱乐服务等。同时，电话公司也争先恐后地向客户家中提供这种网关。

这些公司和机构把每个客户看成一个单独的市场。新闻机构、旅游公司、零售商和娱乐公司也采取了这样的营销方式。因此，你的公司也必须跟上新的形势。

6. 创造价值共同体

数字科技的真正力量在于它为人们提供了一种更简单的联络方式。

你可以通过为你的客户创造价值共同体而发挥数字科技的潜能。

ESPN 的体育地带服务为签约用户播放体育消息、体育赛事直播以及体育评论。通过这一平台，体育爱好者还可以进行模拟的体育比赛。因此，这个网站吸引了大批的体育爱好者。

你可以通过瞄准个人热衷的话题而提供更多的价值。这在游戏和体育网站特别流行。

美孚石油公司为公司赞助车队的 F1 赛车迷们建立了一个网站。这个网站引导浏览者了解有关环境保护的信息，并且邀请他们通过电子邮件表达观点。通过这种方式，美孚公司为其本身和赛车迷们都创造了价值。

管理你的品牌

价值共同体能够打造也能毁坏你的品牌。你可以利用这些价值共同体以相对低的代价提升品牌知名度。然而，一些不快乐的客户也可以很容易地建立自己的共同体来表达对你品牌的不满。联合航空的网络共同体就是一个例子。该网站宣称"为曾经对联合航空服务不满的乘客提供一个畅所欲言的机会"，结果这些乘客的确这么做了。

创造一个允许客户对你的品牌产品和服务表达感想的官方论坛，这样他们就不用自己建设这样的网站。

你可以利用论坛中客户为你提供的信息优势；通过回答客户的问题和解决他们的投诉，同客户建立起终生的关系；利用他们的使用经验来提高品牌的知名度以及信誉。

联系其他生意

大多数的组织或公司开始与购买者和供应者建立共同体。这种生意对生意的交际网类型不仅创造价值，而且减少成本。

例如，一位房地产开发商建立了企业内部互联网，所有的维修信息是对授权承包商开放的。而现在，这家公司正在利用互联网与房客、供应商和其他股东联系起来。

7. 合伙做生意

在未来，公司将摆脱掉沉重的部门包袱，借助同合伙人结盟来保持竞争力。这些合作是短期的，基本上是基于一笔交易，而并非长期的合同关系。

实际上，很多公司已经按照这种方式运作了。例如，布鲁尔·安德鲁·克莱因绕开了投资所需办理的复杂手续，通过互联网销售股票方式直接为他的小型酒厂募集资金。克莱因随后回转投资方向，建立起网络系统智囊投资（Wit Capital），帮助其他企业家像他那样创业。

在设计任何杀手应用时，你必须很快确定潜在的合作者，并让他们参与运作；你也必须确定你和合作者之间关系的亲密度。合伙人的关系可以是过渡性关系，如授权和联合，也可以是完全所有关系。

例如微软公司的合作关系。在 1996 年，该公司购买和投资了 20 家公司，取得了这些公司正在开发技术的详细资料。

8. 为客户进行改变

你的客户能够从电子商务中获得的好处是：客户定制化、价值共同体、参与产品开发，但同时也给你带来一些问题。

你不得不把你的车间转变成展示厅，改善你的生产和送货体系从而满足个人的期望。无论这个过程对你多么严峻，一定要为客户做出改变。因为他们不想知道你遇到的问题。

一些新的电子商务公司从事的生意是将客户的损失最小化。例如，网络支付公司（Cybercash）为客户提供安全简便的网络付款和收款服务。为了减轻客户对网络中提供信用卡号的担忧，该公司提供了一种简单的第三方认证服务。

同样，网络电视公司为乐于使用电视上网的客户提供互联网接入服务。这种杀手应用适应了客户的行为而不是迫使他们按照电脑制造商的想法行事。

你要确定你开发的杀手应用易于客户使用。首先，要安全。例如一个网络银行起初在网站主页上显示了该银行的三维图案，客户通过点击图案上的信息平台或讲解员或保安来了解关于该银行的不同信息。

其次，随着人们对该网站的了解增加，网站要不断进行更新。网站的新设计要符合顾客的喜好。

9. 依靠电子界面

每个与客户的直接接触都是你改善与他们的关系以及了解他们所需的好机会，但是大多数公司没有利用这一点。

数字科技能够提供帮助。表面看来，它比起直接的人类接触缺乏人性，但是你可以想一想你最近作为顾客同商店的收款员、顾客服务代表以及经理助理进行接触的遭遇。

这些服务如何？你得到任何服务了吗？你得到该公司以后会为你提供更好服务地保证了吗？你按照你的方式进行交易了吗？

一家商业银行声称它保证向每个拨打电话的顾客提供人工语音服务，而不是电脑语音服务。然而，这不能保证顾客会得到更好的服务。

当业务经理繁忙时，电话只能被转接到助手那里，他们能做的只是记录信息。更糟糕的是，如果没有自动语音系统，客户在银行下班时间甚至无法留言。

基于科技的界面，例如语音信箱，看起来冰冷，但是却很可靠。一些系统，例如野火公司的语音驱动"电话助手"，可以出色地完成很多事情，例如遴选、发送信息和播报电话功能。

一些科技界面还能够识别多种语言。其他的一些系统能主动适应使用者技能，录制通话，提供大量信息。

同时，这些类型的界面可以减少客户损失：客户理想和满足之间的区别。例如豆荚（Peapod）公司是一家互联网超市，该公司根据客户对加盟商店的第一选择和第二选择提供直接的信息，从而减少客户损失。

10. 发布信息

20 世纪 80 年代初期，IBM 通过销售只能运行 IBM 软件的电脑锁定了顾客。而现在这种封闭式系统策略不再有效。

在今天要取得成功必须学会分享信息，开发尽可能公开的杀手应用。使用的人越多，其价值就越高。

这就是为什么网景浏览器软件在 1995 年发布的几个月中就夺取了 80% 的浏览器软件市场。该公司发布了软件的下载版本，使人们很容易就得到该软件的信息和技术。1997 年，网景公司的销售额超过 5 亿美元。

如果你的公司销售信息，考虑一下公布信息，销售你的技术。如果你不这样做，别人会这样做。

信息是公众商品，它可以同时被每个人拥有和使用。首先要发布信息，这样你才能创造一个可用的市场。

11. 关注信息财富

随着商业从市场地点走向空间化，你的物质财富成为债务。在网络中，你不需要卡车、工厂和执照。

你需要的是信息财富。这包括专业技能、商标、市场商机、信誉、程序以及企业文化和身份。确认你自己组织中的信息财富。在未来，它们可能变成产品或服务。

实现数字化

美国金融印刷业正在向信息化转型。自从美国证券交易委员会宣布自 1996 年起上市公司对财务文件采取电子存档开始，该行业受到了颠覆。

相反，印刷商们没有跟随进入这块电子化市场。他们利用自己的专门技术优势、与证券行业的亲密关系以及在业务上的良好声誉获得巨大的效益。这些不是设备，却是他们的财富。

这一策略有效实施，金融印刷商承担了 40% 的第一手电子存档业务。

即使是制造商和重工业也必须重新评估他们的财富。信息经纪人已经开始收集商品价格与目录方面的信息，并利用这些信息进行网络购买和销售。这样一来，他们削弱了制造商自身的销售能力。

制造商可以采取一系列的应对方式。他们能够将精力放在专业产品的制造方面，利用技术减少存货以及成本，或者独立进行代理销售。

已经建立起物质通道的公司还应该建立起公司与客户以及销售商之间的信息通道。基于因特网的开放式标准，该通道将取代传统的渠道如电话、邮件和封闭系统。公司将向客户提供一个产品成品的虚拟目录，这样就可以减少实际存货。对于客户而言，这给他们提供了定制化服务的许诺。

你必须估算你自己的财富，确认哪些存在风险。一种简单的确认方法就是设想一下新的竞争者在没有哪些财富的情况下如何利用数字技术与你竞争。

要确认你可以进行外包的功能，然后进行外包，尽快地实现数字化转型。

12. 淘汰现有的价格链

公司采取的每个帮助生产和销售产品的活动都会增加产品的价值。总体而言，这些活动，包括从采购到人力资源，从生产到财政，形成了迈克尔·波特所说的价值链。

杀手应用弱化了传统的价值链，将一些公司享有的竞争优势一扫而光。不要试图从你现有的活动中再挤出任何更多的价值，相反，要淘汰这些价值链，通过数字化经营建立新的价值链。

对你的价值链产生的威胁很可能来自行业外部。与你以及你的竞争者不同，新的进入者完全不受到旧的价值链束缚。

亚马逊是一家成功的网络专营书店，它将传统书店的高额店铺费用、巨大的存货和雇用员工开销转变为劣势，从而减弱了传统书店的价值链。诸如巴恩斯 & 诺贝尔 (Barnes&Noble) 书店连锁因忌惮于网络销售会影响现有市场迟迟未开设网站。当它们还在犹豫的时候，亚马逊已经独霸网络市场整整一年时间。

案例分析：虚拟加油公司（VFC）

　　虚拟加油公司是一家取暖油公司实施的一项营销计划，目的是提高公司的市场份额。该公司发展该项目最终是为了增加日益萎缩的取暖油零售。向居民销售取暖油占该公司业务的75%，但是公司的市场份额才占总量的4%。

　　虚拟加油公司的客户通过网络和电话订购取暖油。当顾客家中油箱需要加油时，油箱上的传感器自动提示，因此顾客不需要亲自打电话给公司。通过将定购程序外包给顾客，公司节约了销售的成本。

　　公司的供货和销售网络也是虚拟的。虚拟加油公司与运输公司合作递送产品，通过合作伙伴的系统完成送货计划。这个设施是虚拟的，但是为客户和公司节约了成本。

13. 结合利用潜在的杀手应用

　　也许你的公司同大多数公司类似，只需要签约能够保证投资回报的研究项目。然而，如果你想投资可以产生杀手应用的创新项目，这种方法是不起作用的。

　　你可以按照股东投资加入其他人的试验项目。这样一来，如果这项创新未能实现，你的损失也不会太大，同时也为你第一个敲开杀手应用的奥秘。

关注创造选择主动权（OCI）

　　将你的投资多样化可以使你综合利用你的投资，但这不是说将投资分散到各个离散的项目中。

　　这种方法被称为创造选择主动权或OCI。创造选择主动权的目的不是取得特定的回报，而是对某种技术选择的成本、拥有所有技术知识产权的成本以及投资波动性进行衡量，从而确定获得最大收益的方式。

　　创造选择主动权要求高级经理参与技术投资的决策。他们必须负责管理一组投资，尽快把失败的投资淘汰。因为这关系到公司的未来。

挑选机遇

选择最适应环境和机遇发展的技术。

第一步，要营造这样一种环境。这也是为实施数字策略营造渠道。

选择正确的发展方向，将精力集中在能够在测试运行环境中进行评估和检查的数字技术上。如果你希望利用一项技术，你必须了解这项技术。

第二步，营造渠道。未来的应用随处可见，如电子商铺、玩具店、停车场、新闻以及杂志。检查一下高科技公司发生了什么变化，看一看网络的新变化。

一旦你确认了一种潜在新技术，就要与公司的员工们共同开发。你可以从详细的商业计划中学到更多的知识。

14. 向孩子学习

如果你超过 30 岁，而你拥有很强的网络智慧，那么你就是电子前沿基金会的约翰·佩里·巴洛所指的网络空间"移民"。

孩子们是本地人，他们的成长环境被数字科技包围。在他们的家里和学校，数字科技处处可见。他们从来没有经历过没有因特网的世界。如果你想在数字化策略中取得成功，就要同他们进行交流。这样你能学到很多知识。

麻省理工学院社会学家谢里·蒂尔克莱尔谈起一位 13 岁的少年，这位少年喜欢玩一种复杂的电脑游戏。蒂尔克莱尔担心这种复杂的游戏模式会损害这位少年成长。

"如果你不懂就不要无故担心，"少年这样告诉谢里，"我只是对我自己说我可能不能立即理解整个游戏。因此我玩一玩。"

在开发产品的过程让孩子参与进来，这是很简单的事情。困难的是通过他们的眼睛理解世界。但是这是唯一可以帮助你发现、创造以及实施杀手应用的方式。

一种新的工作方式

年轻的成年人会采取不同的工作方式。

当20名来自欧洲不同邮政机构的经理参观火箭科技游戏公司时，他们对该公司的文化感到惊讶。该公司最年轻的员工不到40岁。员工们忙碌于各个办公室，随时召开会议解决遇到的难题。

最令人难忘的是火箭科技公司年轻员工们的工作态度。"每个人都保持微笑，"一位经理这样评价，"他们看起来很享受。他们不是在工作，而是在享受乐趣。"

只有在这样的环境中，杀手应用才会兴旺。创造它们并不简单，但是至关重要。

> **LOTUS NOTES 案例**
>
> LOTUS NOTES 是一种软件产品，能够使各个机构通过本地和广域网分享信息。该软件于1990年由莲花开发集团发布。
>
> 该软件的创意实际起源于1984年，当时个人电脑还没有普及。莲花公司的创始人米奇·考波尔认为这个创意很有前景，但是也意识到该项投资会危及莲花公司的其他业务。
>
> 他最终建立了一个新的公司将该软件的概念转变为产品。莲花公司投资该项目，并且对整个开发过程进行审查、评估，随时可以将该产品投入市场，但是莲花公司不拥有该软件专利。如果莲花公司停止投资，这家新公司可以将此软件投入市场。
>
> 莲花公司继续投资该软件开发，并在5年后推出了最终的产品。如果该产品作为一种内部研究开发项目进行研发，就很可能会被公司放弃。相反，这款产品最终成了公司的主要销售来源。

《胜算——用智慧击垮竞争对手》

[美] 盖伊·川崎 著

◎ 简 介

　　撰写市场营销书籍的作者多如天上繁星，而盖伊·川崎则总是显得与众不同。不管是在探讨通过反抗推动改革（《革新家守则》）、开创一个新的公司（《创业的艺术》），还是这本书的击垮竞争对手的战略，无不显示出作者的热情和活力。当然，川崎从来不用"击垮竞争对手"这个词语。对川崎来说，这个词显得太沉重了。用川崎的话来说，你必须"将自己的竞争对手逼疯"！如果你的竞争对手碰巧是一个富有进攻性的大公司，而你又恰巧是一个刚起步的小公司的话，这样的形容才更有趣。正如他在这本书中指出的，每个公司都想对付一个强大的竞争者。

　　川崎的确有对付强大竞争对手的经验。他在 20 世纪 80 年代曾是苹果公司的一员，参与过对付并击败 IBM 的决策过程。在他的网站上，川崎写他一从商业学校毕业就到了苹果公司："当我亲眼看到麦金塔电脑能做什么时，笼罩在我头上的乌云就都散开了，天使也开始歌唱。"

　　他的热情是有感染力的，因此他的书十分畅销。书中有许多具体做法——无数案例——支持他的观点。本田、通用电气、哈雷－戴维森、利维牛仔裤，这些只是《胜算——用智慧击垮竞争对手》中众多知名公司的一部分。你将会在本书中读到许多知名公司之间的竞争：诸如几维鸟国际航空公司（Kiwi International）与美国航空公司，哈莱尔的（Wilson Harrel）清洁配方 409 与宝洁（Proctor & Gamble），哈德瓦五金公司（Ace Hardware）与家得宝家居连锁店（Home Depot）。川崎的读者们同时也会读到富有智慧的一些故事，比如一个私立疗养院最后把自己变成了一个小城镇的故事。疗养院里配备了邮局、银行、图书馆、美容院、饮料店，甚至还有一名市长和市政府。

　　盖伊·川崎出生于夏威夷，在加利福尼亚大学洛杉矶分校取得了MBA 学位。

　　他是原苹果计算机公司的雇员，在 1984 年主要负责新的麦金塔计算机的市场营销工作。他目前担任硅谷莉加拉奇技术风险投资公司首席执行官。他先后撰写过 8 本书，许多都是畅销书，其中包括《麦金托什之路》《销售梦想》《革新家守则》和近来出版的《创业的艺术》。

◎ 原书目录

◎ 思想精华

1984 年，盖伊·川崎是一位高层领导小组成员，负责击垮竞争对手。这个小组所采取的策略是尽可能地扰乱现有市场，为本公司产品创造有利条件。

苹果计算机公司当时只是一个刚起步的公司，川崎在其中从事的是软件"福音传播者"的工作。他要使开发商相信：如果苹果想生存，就必须为麦金托开发软件。这样也能使他们恨之入骨的竞争对手 IBM 垮台。

川崎和他的同事们每周都满怀激情地工作 90 个小时。就像十字军东征一样，他们试图改变世界，防止 IBM 控制整个市场。

为了干扰市场，他们创建了一个为非专业人士设计的界面，这是人们在此之前从未见过甚至从未想象过的；接下来，他们又开发了新型软件——台式印刷程序；第 3 步，他们又开始煽动顾客充当"福音传播者"——为他们公司销售产品。

虽然苹果公司并没有击垮 IBM，但是川崎和他的同事却成功地把"深蓝公司"给"逼疯"了，而且还赢得了大部分的计算机市场份额。

不仅川崎从中学到了不少，而且有些策略也可以被运用到你的事业当中。要创造自己的优势、削弱对方的力量需要有清晰、睿智的思维，胆量，艰辛的努力和不惜违反惯例的勇气。这意味着清楚地了解自己、竞争对手和顾客，你就可以为他们提供他们需要的东西——甚至是在他们想到之前。

你读完这篇摘要之后，就会学会如何干扰市场并增加自己的利润，工作起来一定也别有乐趣。

◎ 核心内容

1. 万事之首：了解自己

开始干扰你的竞争对手之前，应该先花点时间了解一下自己。

基本问题

开始提问：我们到底在经营什么？

大多数人对这个问题的回答都太浅显。比如，汉王认为自己在经营文字处理设备。如果它把自己的经营定义为提高生产率的活动，那么汉王现在有可能仍然很强大。

比如，本田就清楚自己不仅仅是经营汽车、摩托车、发动机或除草机的公司。它实际上是在从事引擎的生意，尤其擅长如何将燃料转换为动力。

你的公司在 5 年、10 年、20 年和 50 年后会是个什么样子？

大多数公司都鼠目寸光。然而，本田公司在 1959 年向美国市场推出了一种小型摩托车。27 年之后，该公司又向美国市场推出讴歌系列汽车（Acura）。这个过程是富有远见性的，而且需要耐心。

如果顾客不向你购买产品，那么他们向谁购买呢？

汉王可能以为它的竞争对手是像 NBI 这样的文字处理公司。但实际上，汉王真正的竞争对手是计算机和文字处理软件，而不是致力于开发文字处理器的公司。

界定产品和服务

这些问题能够帮助你了解你自己，并能为你指出你可能犯下的错误。

（1）你的产品或服务到底能够提供怎样的好处？

（2）顾客购买你的产品的最主要原因是什么？

（3）你的产品在市场上是怎样定位的？

（4）顾客使用产品的方式是否出乎你的意料？

本田又一次为我们提供了好的例证。该公司知道摩托车不仅仅被用于解决"行"的问题，对许多消费者而言，摩托车还代表着自由和乐趣。因此，本田将摩托车的市场定位于职业赛手和学生。

> 挑一个"强大的对手"
>
> IBM 的小托马斯·沃森说：
>
> 不要找一般的对手——与你在微小方面有差异的人。我强烈建议你找到"强大的对手"——与你在重大问题上有分歧的人。你可能会为了基本信念而与之斗争到底。而这一场斗争，我敢打包票，对你以及你的竞争对手都有利。
>
> 盖伊·川崎和其他在苹果公司的同事之所以选择强大的IBM作为对手，是因为他们看到IBM是一元化并且专制的公司，有时甚至不考虑顾客的需求。而在IBM公司的眼里，苹果公司则是不集权专制并能考虑顾客需要的公司。
>
> 选择一个好的对手可以促使你改善自己的公司。在苹果的案例中，好的对手甚至成就了自己的发展。
>
> 要选择一个强大的对手并与之竞争，最佳的选择是：一个资深、财力雄厚并且引领全行业的大公司。不过不管你选择了什么样的对手，一定要确定它是强大的。"游击营销"人杰伊·莱文森说过："如果走运的话，你的竞争对手会是一个聪明并奋进的好公司——它们是不会被轻易击倒的。"

核对现实情况

　　用以下方式可以得到正确的启示。

　　（1）列出顾客购买你公司产品的五个理由。

　　（2）查看销售记录，找出最好的顾客是谁。

　　（3）招待十名最好的顾客共进午餐——一次请一名顾客——询问他们购买产品的理由。

　　（4）将你所得到的结果与顾客的反馈情况作比较，结果将会令你大吃一惊。

2. 第2步：了解客户

　　要了解顾客，你就必须走出去见一见他们。以下是你应该知道的。

　　谁在使用你的产品？膳魔师（Thermos）发明了一种新型烤架（下面还会讲到这个故事）。该公司发现居家男人不再是家中烧烤的"大厨"了。女士也参加烧烤，并且她们对烤架有不同的要求。比如，她们不喜欢把装炭和装丙烷的箱子混在一起。（注意：使用者并不总是购买者。比方说，都是由父母为儿童购买玩具，所以玩具的包装外面总是写着大大的"教育类玩具"。）

　　顾客是如何使用你的某类产品的？膳魔师发现许多人会在小天井或阳台上烧烤。这一发现促使膳魔师生产出一种简洁而吸引顾客的产品样式。

　　法规或来自社会的压力会改变你的市场吗？膳魔师发现在美国的某些地区是不允许使用助燃燃料的，这个禁令使炭很难被点燃。膳魔师的解决方案就是：生产出一种高强度电烤架。

怎样才能认识他们

　　有许多方式可以让你认识你的顾客。

　　（1）专设团队。这就是膳魔师所做的。为了一个短期目标——比如研制一个新的烤架——他们会直接派出一支产品研发小组深入顾客。

（2）公司承诺。哈雷－戴维森摩托车公司(Harley-Davidson) 承诺要了解它们所有的顾客。因此，每一个雇员都要到摩托车集会上与顾客一同驾驶摩托车。

（3）开放的渠道。通用电气通过"通用咨询中心"开辟了这条开放的渠道。该中心会回答或解决任何与通用产品有关的问题。

（4）科学方法。这种方法包括数据抽查、咨询会和顾客取样团体座谈会。虽然这些方法很有价值，但也不要过度迷恋科技。如果一个拥有超强计算机调查功能的公司，而对自己的顾客却没有感情的话，那么这个公司也不会长久存在的。

> 预想顾客的需求
>
> 　　顾客可能会告诉你他们对目前产品还有什么需求。但是他们很难超越目前产品的参考框架而提出新的见解。比如，当所有的用户都知道 DOS 系统的时候，计算机用户可能会对苹果公司有新的要求吗？
>
> 　　你的工作就是要超越顾客可以言喻的需求而为他们说不出来的需求服务。这就意味着你只有对自己的顾客了如指掌，才能满足顾客潜在的需求。

3. 第3步：了解对手

沃尔玛的山姆·瓦尔顿经常在卡玛特（Kmart，美国第二大百货连锁店）和价格会员店(Price Club)里漫步，并且手里拿着录音机，对定价和存货情况做记录。山姆知道该怎样采用观点——哪些点子值得盗来一用。同样重要的是，他也知道自己的竞争对手的优势在哪里。

你应该从山姆这里学到一招，从现在开始紧密观察竞争对手（包括刚起步的公司）。

你要了解每一位竞争对手的情况：它的任务和目标是什么。不管它将自己看成是市场驱动型还是产品驱动型的公司，也不管对方是否把自己当成竞争对手。同时，你还要了解对手的实力和弱点。

获得竞争智慧。

像山姆一样,走入竞争对手的商店。记下对手的商品种类和价格表,搜集各种信息。

成为一名消费者。购买竞争对手的产品或服务,看它售后服务以及后续的销售情况。

对竞争对手进行投资。购买一部分对手的股票。

与竞争对手的顾客进行对话。尽可能多地向对手的顾客学习。

广泛阅读你能找到的关于该行业和竞争对手的材料。

参加交易会和其他会议。你可以在这些会议上知道对手的战略方向。

浏览政府记录。政府部门会向社会公开征税、估值、专利与商标登记等信息,查找一下。

4. 关注客户

击垮你的竞争对手的最好方法就是让你的顾客高兴。要做到这一点,你就必须将注意力放在顾客的身上。如果你将注意力放在竞争对手身上的话,那么你就会被扯进一场"一报还一报"的战争中。这对取悦自己的顾客没有丝毫帮助。

问该问的问题

盖伊·川崎在俄勒冈州的波特兰市发现了一家餐馆。这家餐馆的主人总是能够问出顾客的需求,并满足他们。这家餐馆名叫"无稽之谈",餐馆里有一个供儿童玩耍的巨大游戏室,里面有三艘小船、一列火车、一个隧道等等玩具。还有一个游戏场,只要你在这里驻足,就有一杯橙汁为您送上。这些地方都是孩子们快乐玩耍的地方。

为什么餐馆的主人霍莉·哈特把这块至少能放 20 张餐桌的地方用做游戏场?因为她注意到,带孩子的父母们在进餐时苦于还要照顾孩子而不得轻松。小孩子们会狼吞虎咽地吃几口饭,接着就在餐馆里乱跑。哈特自问:"我怎么才能让一家人在餐馆的进餐经历更愉快呢?"从此,哈特的生意蒸蒸日上。

提供富于想象力的解决方案

明尼苏达州的夕阳红疗养院（Eventide Lutheran）问了该问的问题，从而得知人们希望疗养院是什么样的。他们知道疗养院中通常滋生着孤独、寂寞和无聊，于是他们把疗养院变成了一座小城。"城里"有古老的邮箱、邮局、银行、图书馆、美容院、理发店，甚至还有饮料店。住在疗养院里的人们自己选举市长和市政委员会，这些机构负责管理整个"城市"。

夕阳红疗养院还鼓励社区组织在"城里"召开各种会议，饮料店可以为居民们承办各种生日宴会。

对为什么顾客更喜欢夕阳红疗养院还有什么疑问吗？总之，要重视顾客，想出好的解决方案。

提供一种完整产品

消费者购买东西的时候，都想着能够拆掉包装立马使用。你可以通过保证你所提供的每一种产品都是他们所需要的而使顾客得到满足。

比如，"正牌"油漆公司成功地卖出一种让消费者高兴的工具箱。这个工具箱里有滚动台、罩布、滚子、滚子盖儿和一个油漆刷。

排除障碍

如果你想让自己的顾客感到便利，就要为顾客解决困难。你应该从那些善于排除障碍的公司那里学到些启示。

马萨诸塞州的十字蓝盾公司在该州的两个大购物中心都拥有信息服务中心。"我们要深入顾客。"该中心的负责人说。

莫文思（Mervyn's，美国大型的服装连锁商店）是加利福尼亚的零售商。该公司深知应如何解决人群的拥挤问题。当连锁商店生意繁忙时，他们就会把便携式柜台推到顾客需要的地方。

5. 致力于决定性环节

1796 年，拿破仑率领的 35000 名士兵遭遇了拥有 60000 名士兵的奥地利和撒丁王国的部队。

拿破仑并没有直接进攻任何一支部队，但是却进攻了两支部队的交汇处。他攻下这个弱点，然后转向撒丁王国的部队，最终让撒丁王国部队投降。三天后，奥地利部队也投降了。

在做生意的时候，也要学会分散对手力量、各个击破的招数。这能帮助你有效地利用自己的资源，减少对手对你的报复。小的胜利会使你变得十分自信。

找到市场缺口

如果你能够了解自己的优势以及竞争对手的能力，你就能找到可开发的、富有潜力的市场缺口。请使用以下的方法。

（1）判定自己的产品以及对手产品的最重要的要素是什么，包括售后服务和所提供的担保。

（2）画一幅和原书一样的图表，以供应产品的能力和顾客对它们的评估为基础，将产品的各要素画在图表上。

（3）找到接近上轴的要素和右轴上你的竞争对手所没有的要素的交叉点；这里就是你的市场缺口。

High	高
Low	低
Your ability to provide	你供应产品的能力
Value to customer	顾客的评估

提供可选择的产品或价值

另一个找出决定性攻击点的方法就是向市场领导者提供可选择性的产品。比方说，百事就小心地为可口可乐提供了一种可选择性的产品。如果你吃得太油腻，可以喝可口可乐；如果你感到忧郁，可以喝百事可乐。

最后，你可以用一种古老的方法创建决定点：增加你的产品或服务的价值。不要将价格压低（价格大战并不好），而要延长维修担保的时间、提高服务质量或是提供廉价的产品升级服务。

6. 把客户变成义务宣传员

让我们再次回到 1984 年，每个人都希望苹果公司能够退出市场。就连专家也认为麦金塔电脑注定要失败，因为它不能运转标准的 MS-DOS 操作系统。

但是这些人并没有预见到苹果能够召集起一帮情绪激动的、坚定的"福音传道者"。这些"福音传道者"无私地为苹果公司提供了精神和技术上的支持，向上百万名消费者推广了麦金塔电脑。这些早期使用产品的人们——"福音传道者"——让麦金塔一举成名。

找一个理由

"福音传道者"需要一个理由，他们必须有能力使别人相信并购买产品的理由。这个理由可以是一个像麦金塔一样的产品，像"土星"（通用汽车公司的品牌）的公司，或者一套诸如环境保护主义者的信仰。

你的产品或服务是否可能成为一个很好的理由？让你的产品符合这些理由的特征。

（1）体现了一种先见之明。理由是一种彻底改变世界的方式——至少也能稍稍有影响。理由不仅仅是一个好办法，它还是一种召唤。

（2）占领高地。这是指通过改善生产力、整治环境而使世界变得更加美好。

（3）重新定义经历。它的影响是不可逆转的，就好像麦金塔是如何重新定义非专业人员设计计算机的概念一样。

（4）催化强烈的情感。你喜欢或憎恨某种产品或想法。

> 虚拟的经销商
> Troy-Bilt 会把旋转耕耘机送给附近的志愿者做示范。该公司让使用产品的用户加入它的"好邻居"项目。在这个项目中，用户们

207

可以得到新产品的折扣或免费使用产品附件。

Troy—Bilt超越了营销商的网络，不知不觉地形成一个无形的Troy—Bilt"福音传道者"的网络。这一定能让竞争对手发疯。

找到合适的人群

你一定要把好的产品定位于适合的人群。当苹果公司刚开始把麦金塔电脑推向市场时，它是针对高层管理人员的。但是那些穿着高级套装的人并没有对使用电脑表示热衷，向他们解释使用电脑就像是在解释阴天去钓鱼一样。此后，苹果公司又转向大众用户：秘书、临时工、艺术家、学生、实习生等等。正是这些人最后让麦金塔走向成功的。

要找到那些愿意使用你的产品或服务的人，就要从现有的使用者着手，让他们承担更大的责任并不难，不要担心寻求不到他们的帮助。人们愿意帮助那些创造很棒的产品的公司，他们愿意与胜者为伍。

让他们尽可能地帮助你的公司。有的人愿意示范你的产品，有的人愿意写有关使用产品的经历，而有的人则愿意劝说朋友购买。就让他们各显神通吧!

最后，让产品到用户的手上——发放免费的样品或主动提供试用品。当 W.L.戈尔首次将"滑动式牙线"推广到市场时，他向全美国所有的牙医诊所寄去了试用品。

不要忘记员工

你公司的所有员工都应该是"福音传道者"。毕竟，他们薪水的高低是与公司的成败息息相关的。

几维鸟国际航空公司的所有员工都把自己看成是销售人员。他们甚至要拜访当地的旅游公司，无偿地向他们宣传自己的公司。

无知是福

休利特－帕卡德公司十分擅长将自己的对手击垮。与自己在高科技领域的竞争对手不同，该公司从不迷恋于它们创造的科技，而是试图通过顾客的眼睛看自己的产品。

随着微波产品市场逐渐走下坡路，休利特－帕卡德公司开始尝试用视频通信部替代微波部。

该公司发现该产品的市场潜力。部门负责人吉姆·奥尔森告诉盖伊·川崎说，他们公司现在正在为电视演播室、影像服务器和平面图像打印机制造试验设备。

这个部门是怎么快速发现新市场的？知道自己的无知，并加以改善。

"我们把自己的资源发展部人员和市场工程师等送到贸易交易会上直接面对客户。"奥尔森说，"我们告诉他们，我们对这一行一无所知，但是我们认为自己可以做出一番成绩。"

奥尔森还拒绝雇用大批视频专家："击垮你的竞争对手的方法之一就是要从树木看到森林。我们能够做到这一点是因为我们以前从未到过这片森林。

"对休利特－帕卡德公司而言，无知是难以置信的动力。如果不能以全新的视角审视与客户的关系的话，就不会有人做到我们所能做的。我们懂得如何与客户交谈、如何聆听他们的需求、如何将他们的意见带回去付诸实践。"

竞争对手的一位代表说，休利特－帕卡德公司"让我的生活变得十分糟糕"。

7. 建立品牌忠诚度

关注顾客才是正确的做法。让顾客一次又一次地购买自己的产品也是一项重要的任务，因此要积极进取。

将整个过程系统化

建立忠诚的一个方法就是将整个过程系统化。"迪克"超级市场——在威斯康星州和伊利诺伊州拥有连锁店——将之变成了一门科学。

首先，迪克的员工定期梳理报纸、公用事业的新信息、商务部的文件以及其他信息。他们寻找新居民、新婚夫妇和新生人口的名字。

迪克名单上的每一个家庭都能收到一封迪克发出的信。比如，刚搬来的家庭会从迪克那里收到一封欢迎信，里面有一连 3 周的每周免费的购物券（一般可以免费买两种商品）。

几周之后，另一封附有更多购物券的信又来到这些家庭。1 年以后，还会有更多。"如果能够让顾客来上 6 次，我们认为我们就可以将他们变成常客。"迪克的经理说。

早点儿开始

机会越早抓住就越好。最佳西方酒店（Best Western Hotel）有一个为 8 ~ 12 岁的儿童开设的少年旅行者俱乐部。儿童们可以从俱乐部得到一本冒险日记以记录他们的旅程、一包教育性卡片、一本旅游杂志以及其他东西。

俱乐部会员或他们的父母在俱乐部花的每一分钱都可以换成积分，购买产品目录中的商品。"我们的目标是为最佳西方酒店培养下一代顾客。"经理汤姆·多尔蒂说道。

瞄准市场空白

填补市场缺口基于产品的特征，而填补市场空白（Cubbyholes）则基于市场上的特定顾客。

宝丽莱（Polaroid）就瞄准了一个广阔的市场空白。他们通过一个名为"宝丽莱房地产摄影工作室"的项目吸引了不少房地产经纪人。参与者将在工作室中学习摄影的基本知识，以便更好地服务于顾客（为找房子的人拍摄房子的照片）。只要花 10 美元，这些经纪人们就能得到有关的摄影指导、一个相机和胶片、小册子、折扣以及其他特殊服务。

除了为这些经纪人提供随时能够使用的技艺之外，宝丽莱还会让他们体验自己新研发的产品。这是发展忠实顾客的最佳方法。

什么是"合作性竞争"？

圣达菲铁路（Santa Fe Railway）通过与卡车公司 J.B. 亨特联合而使整个运输业震惊。

这个联盟是这样运作的：亨特公司从托运方拿到一批货物后，交由铁路负责运输。火车会将货物载到离目的地最近的一个工场，在那里再由亨特公司的卡车装运。

这样，顾客可以用低价买到快速且送货上门的服务——只有一份账单。亨特公司节省了燃料费和损耗费，而铁路公司也得到了它们以前没有的运输生意。这个联盟缓解了路上交通状况，也减少了环境污染。这就是"合作性竞争"。

保护已建立起来的忠诚度

千万不要将你辛苦得来的忠诚丧失掉。聪明的公司会使用频繁的市场活动留住顾客的心。

拿《纽约时报》打个比方，它的一项订阅计划就是所有订阅《纽约时报》的顾客都能收到饭店以及其他服务业的折扣券。这一招就能保证让顾客一直订阅下去。

在别人进占市场前，先将自己的公司拆开

狡猾的公司有时会创造多个品牌，让它们成为彼此的竞争对手。苏珊娜·奥利弗在《福布斯》上对一个公司是怎样做到这一点的进行了详细描述。

"他们会吃了你"

一位参加交易会的人指着一个新型的黄色重型机床（由名叫得伟 Dewalt 的设备公司生产的）对百得电动工具（Black&Decker）的董事长诺兰·阿希巴尔德说："得伟公司会吃掉你们。"阿希巴尔德笑了笑，因为百得电动工具公司仅仅把得伟当成一个工具。

百得公司的员工约瑟夫·加利想到了这个做法。他想让这种设备的定位高于该行业的领头人牧田（Makita）公司，所以定价自然也比牧田的系列设备高。约瑟夫还亲自掌管分销工作。得伟的设备不能在大型超市出售，而只能在五金店和建筑工地上出售。该系列产品的销售额估计有 3 亿美元。

> "自己拆开"的做法并不适合所有的公司
>
> 这种"自己拆开"的方法是击垮竞争对手的有效武器，而且还能增加你的市场份额。然而，它并不是放之四海而皆准的规则。首先，你公司的员工可能极不适应另一个系列产品所必要的不同的思维模式。
>
> 其次，"自己拆开"的做法对于那些拥有资金、生产能力和专业人员并追求扩大销售量的公司而言，过于奢侈。在某种意义上，你首先应该将属于自己的市场拿下。但是如果你真的有这个能力的话，一定要在别人"肢解"你之前，"自己拆开"。

8. 小题大做

有时候，要击垮你的竞争对手并不用费多少力气。开创西尔斯—罗巴克大型零售连锁企业（retailer Sears Rocbuck）的理查德·西尔斯就是扰乱市场的高手。

在与竞争对手蒙哥马利公司（Montgomery Ward）的斗争中，西尔斯迈出了重要的一步。他调整了自己公司产品目录书的尺寸大小，使其比蒙哥马利公司的小。

当顾客把他们的产品目录堆在桌子上时，西尔斯的产品目录因为小，所以总是放在最上面。这就增加了顾客阅读西尔斯产品目录的机会。

你当然也可以将自己产品进行细微的改变，哪怕一点儿改变也能使其在顾客的脑海里留下记忆。但是要做到这一点，你必须进入他们的思想。

（解决令人头疼的问题）

想想有哪些问题困扰着顾客，然后解决它。有的时候，这其实很简单。

明尼阿波利斯的塞瓦泰克汽车维修店就轻易解决了一个困扰顾客很久的问题：当你的汽车送去维修时，你该怎么办？

塞瓦泰克汽车维修店不是为您叫一辆出租车送您上下班。该维修店只在晚上取走要修的车，当晚进行细致的维修，在第二天早上6：30

准时将车送回到您的停车道上。

省钱

你还可以想想怎么为顾客省钱。有创意的公司会向顾客提供免费咨询电话、免费送货等为顾客省钱的服务。

如果你肯认真思考的话，还会有许多为顾客省钱的办法。比如，美瑞泰克（Ameritech）电话公司推出了一种新型的呼叫等待业务。如果你定制该业务，你的电话上就有两种铃声：一种是本地电话铃声，另一种是长途铃声。难道你宁愿先接长途电话，然后才给今晚要举行的派对回电吗？

练习题

回答这些问题可以帮助你了解怎样积"小"成"大"。

（1）什么使你的顾客可能经常地使用你的产品或服务？

（2）什么能够使你的顾客每次多用一些你的产品或服务？

（3）怎么才能让分销商多多地囤积你的产品？

（4）顾客使用你的产品的最愉快的经历是什么？

（5）你是怎样让你的产品变得有趣的？

9. 包装：竞争者的武器

正如以下事例所表明的，包装可以威吓你的竞争者——并获得更多利润。

L&F公司生产的一次性婴儿卫生清洁用品在市场上流行起来。这种卫生清洁用品的外包装是个大塑料盒子，孩子们可以把它当成大型积木玩耍，而父母则可以用它来装各种物品。

阿莫罗尔（Amurol）糖果公司有一种名叫"昆虫之城"的罐装糖果。这种罐子的盖子上打了孔，儿童把里面的糖果吃完以后就可以往里面装自己抓到的昆虫了。

有一家名叫"瑞德塑料容器制品"的英国公司为油漆制造者生产了一种装油漆的塑料容器。这种容器是方形的，可以很容易地堆放到墙根旁。而且，顾客也可以一眼就看出油漆的颜色，特别方便、实用。

为什么将包装作为竞争的武器？你想运用所有的机会让自己的商品得到顾客的关注。顾客可能下定决心："如果我买 L&F 的清洁产品的话，我的宝宝还可以玩它的包装盒；而买其他牌子的产品就不行了。"

10. 及时行乐

如果你把该做的都做好了，而且你的竞争对手仅仅看一眼你公司的商标就会吓得发抖的话，那么你该发起进攻了。

抓住机会

你有时候也会为自己竞争对手的顾客服务。当 1993 年感恩节期间美国航空公司大罢工的时候，几维鸟国际航空公司就发起了进攻。它向旅行社发出 1500 多份传真，告诉他们几维鸟国际航空公司有班机。它甚至还打出标语，写着"欢迎美国航空公司的乘客"。

这些举动都是轻而易举的。几维鸟国际航空公司的市场销售主任说："我们自问，我们怎么才能利用这个情况，鼓励人们选择我们公司呢？"

加利福尼亚第一联美银行是另一个飞快抓住机遇的公司。安全太平洋银行与美国银行合并不久，安全太平洋银行就开始关闭部分办公场所。加利福尼亚第一联美银行趁机将对手赶出市场，向即将关闭的办公场所派驻办事员。他们告诉顾客可以将业务转到联美银行，同时可以享受 1 年的免费查账业务。在联美银行的努力下，他们赢得了 1 亿美元的储蓄业务。

倒打一耙

英国航空公司在 1986 年 6 月 10 日的促销活动中，推出了 5200 个免费座位。

维珍航空公司（Virgin Atlantic）可不打算让英国航空公司独领风骚，所以就用大体字做了一个整页广告："让您用最少的钱飞往伦敦一直是维珍的宗旨，所以我们恳请您在 6 月 10 日那天乘坐英国航空公司的航班。"下面又附有一行小体字："至于在其他时间里，我们都衷心地盼望您能乘坐维珍航空公司的航班。维珍会给您最优质的服务和最低廉的价格。"

后来，每次媒体提及免费赠送活动的时候，都会提到维珍的策略。

创造一个"节日"

利维·施特劳斯（Levi Strauss）委托员工对休闲服装做一次调查。调查结果显示，81%的参加调查人群相信休闲服装能够鼓舞精神；47%认为方便工作，有利于提高生产率；还有46%的人说可以选择工作时穿休闲装是为这家公司工作的一个好理由。

"休闲服装日"在各个公司被接受，这使利维集团受益匪浅。紧接着，利维又展开了一场公共关系闪电战，这场"战争"至少爆出3000条新闻。

利维没有停滞不前：该公司又设置了免费热线电话，为公司如何实施休闲服装标准提供建议。它还为人力资源经理开发了一套"休闲服装日"的配备。

与他们的头脑开玩笑

击垮你的对手的方式之一就是让他们"误入歧途"。

成功的事例当属企业家威尔士·哈德尔（Wilson Harrel）以及他的清洁产品——配方409。当时，哈德尔已经获得了5%的市场份额，而宝洁则开始将其竞争产品"新奇"（Cinch）投入市场试销。哈德尔得知宝洁将在科罗拉多的丹佛试销新产品后，采取了大胆的措施。他非但没有重新部署在丹佛的营销攻势，反而还削减了配方409在那里的广告。"新奇"在丹佛大获全胜，宝洁公司随即将其推广到全国。

而此刻，哈德尔将一瓶450克装的配方409与2.3升装的捆绑销售，而且还给打了折。任何购买该产品的顾客至少在6个月内不再需要购买其他清洁产品。这样，配方409获得了大部分顾客，而"新奇"只拥有少量顾客。不到1年的时间，宝洁就把"新奇"撤出市场。

---

11. 要想获得成功，就不要墨守成规

你的竞争对手可能会墨守成规，但你不要。不要让什么臆想或惯例拖了你的后腿，就像约翰·切皮耶尔说得那样："按规则公平竞争，但是要避免循规蹈矩。"

抛弃世俗之见。美一银行和美国退休人员协会联合推出了一种信用卡。通常，银行都是根据信用记录或目前的收入情况发放信用卡的。如果，就像许多老年人一样，你一个条件都不具备，怎么办呢？美一银行决定按照资产净值发放信用卡，最终本卡的借款拖欠率低于平均水平。

抛弃通常的做法。弗吉尼亚的电子书稿自助图书馆创造了一种只读光盘存储器，可以提供数据记录以及其他信息。发明人埃德·列昂纳德在寻找好的员工时遇到了麻烦。直到他找到了纪律性强、受过良好教育的生产人员。他们能够高品质地完成工作，这些人就是僧侣。

抛弃传统的视角。加利福尼亚规定所有承包商都必须保证一年的售后服务。有一个装修屋顶的公司不是把这项法律视为麻烦，而是当成机遇。该公司在装完屋顶后的 11 个月中打电话给每一个顾客，询问他们是否有问题。这些电话就是售后服务的一部分，同时还能揽到新的生意。

《先革新，再谈创新》

[美] 塞尔希奥·齐曼　著

◎ 简 介

作为可口可乐公司的前任首席营销官，塞尔希奥·齐曼以其杰出的营销闻名遐迩。可是被称作最大营销错误——新可口可乐，也同样让他闻名天下。几乎每一本关于营销或者为顾客开发新产品的商务书籍都不禁会提到这个灾难性的营销决定。它改变了可口可乐公司的传统配方，采用了一种更加类似于竞争对手百事可乐的配方。当然，齐曼能够迅速意识到这场灾难并且利用传统可口可乐的标签扭转了颓势，也因此赢得了极大赞誉。

在他的畅销书《我们所知的营销最终目标》之中，齐曼认为，华而不实的花哨广告如果不能让顾客购买更多产品的话，那就一钱不值。在这本书及其续作《我们所知的广告最终目标》之后，齐曼在《先革新，再谈创新》里谈到了新可口可乐这个问题。他和可口可乐公司在尝试新可口可乐这个问题上的主要错误在于，在不需要创新的时候进行创新。既然顾客没有不满意可口可乐的口味，那为什么要改变呢？另一方面，这并不说明一家公司应该在自己的桂冠上沉睡——不要过于关注创新，但需要关注进一步发展自己的成功之处。

齐曼解释说，首先要了解价值等式——你带给顾客的价值来源。核心能力仅仅是这个等式的一个组成部分，资产和基础设施也是其关键组成部分。或许最重要的元素是公司的核心精神——它将你定义为一家公司和一个品牌。例如，星巴克公司的核心精神就是提供美妙的咖啡体验。

在这个创新的时代，齐曼再次提出了一个反向观点并且列举了支持这一观点的例证和案例研究。

塞尔希奥·齐曼是齐曼集团的创始人。这是一家一流的营销战略公司。齐曼是可口可乐公司前任首席营销官，他还在百事可乐公司和宝洁公司工作过。作为一个广受欢迎的演讲者，齐曼著有畅销书《我们所知的营销最终目标》以及《我们所知的广告最终目标》和《建立品牌宽度》。齐曼是墨西哥城当地人，从哈佛大学获得了高级管理人员工商管理学硕士(EMBA)。

◎ 原书目录

◎ 思想精华

创新强迫症是当前的一种商业风潮。许多公司过分依赖创新来解决问题，尝试用新鲜事物重振老化陈腐的企业。创新似乎很了不起。但是它常常是一种偷懒的营销方式，而且一般都毫无作用可言。

那么，什么才是解决之道？塞尔希奥·齐曼赞扬了革新的力量，认为革新能够加速并维持一流的增长速度。首先，重新找回你已有品牌、产品和核心能力的精髓，进一步发展那些将你推上榜首的方面，包括重新确定你的竞争空间、为自己的企业创造优势。最终，这就会造就最具说服力的客户体验。

《先革新，再谈创新》能够挑战常规的商业至理名言，推动更为明智的商业决策，帮助公司"更加有效地向更多人更经常地出售更多商品、赚取更多的钱"。

◎ 核心内容

1. 创新强迫症

在某些公司战略中，创新与风险承担成了关键因素。对大多数公司而言，这完全不是推动有机成长的正确道路。那么，你应当以何代之呢？一个词：革新。这意味着，不再利用现有资产和能力追求新鲜事物，而是在原有基础上进一步提高；这意味着，利用和顾客的关系为他们提供真正需要的产品和服务，借以重新招揽顾客。革新就是从你能够出售的商品着手，看看你是否能够挽救这种商品。然而，在公司应该做什么和他们实际的最终行动之间存在着巨大差异。

核心能力对比核心精神

你的核心能力不仅仅是一份产品或者服务列表。它以四个不同因素为基础：知识（你所掌握以及学到的）、经验（你所经历的）、资源（你所拥有的）以及团队（你的运作以及如何运作）。这些能力都是你所擅长的方面——你懂得如何比别人更胜一筹。

核心精神则更为抽象一些。它是指作为一家公司或者一个品牌，你到底是谁的问题；它是指顾客和非顾客在同样情况下对于你的品牌所产生的关系；它是指你的品牌在他们心目中的位置，以及你的品牌对顾客所做的承诺。你的核心精神极为关键的决定着你能在商界走多远——如果你试图将自己的品牌超出核心精神的范围，那么顾客绝不会就范。

提升核心精神的冠军

如果成功地提高了核心能力、核心精神以及资产和基础设施（价值等式的三个因素），你也就能够成功推动企业的成长。想一想星巴克咖啡公司吧！它的核心能力就是设立店面、激发团队、提供世界上最好的咖啡，其核心精神就是提供一次美妙的咖啡体验。同样地，澳拜客烧烤食品是澳拜客牛排的核心能力，其精神就是澳大利亚；而其新建立的海鲜餐厅（以澳拜客为模板）也取得了巨大成功。

追求创新战略的企业通常认为新的增长机会能够帮助自己提高核心能力与资产，它们信奉一个哲学："让我们尽力制造，然后看看能否卖出去。"而依靠革新的公司反过来从核心精神出发，认为新的增长机会与顾客表现出的购买意愿形成一致。它们革新的哲学是："让我们寻找能卖掉的东西，看看我们能否制造这种东西。"

新可口可乐：一次失败的创新

塞尔希奥·齐曼十分了解企图全然依赖创新发展所带来的毁灭效果，他曾经一手造成一次20世纪重大的创新错误——新可口可乐。当时百事可乐通过诸如百事挑战新口味测试这样的方案不断取代原来可口可乐品牌的地位。为了反击对手，可口可乐强制将新配方推向市场。这与其说是给顾客一个饮用可口可乐的理由，不如说是可口可乐挑战百事可乐的品牌价值理念——决定让产品的口味更接近百事可乐。

这是一场灾难。仅过了77天，可口可乐公司就被迫让老可口可乐重返市场(这次是作为可口可乐经典饮料)。它重新联络自己的顾客，深化与顾客的关系，而且在这一过程中，增加了销售量。从这方面讲，可口可乐公司是幸运的——公共墓地里到处都是因为创新而出局的各种组织。

共同缺陷

大多数主张创新的公司都犯下了以下主要错误的一个或者更多。

他们将重点放在提高核心能力而不是核心精神上。能够提高价值等式中三个要素的关键就是牢牢把握这些要素的概念。一方面，获得适当的能力很容易——如果你不知道如何做到，那就雇佣那些知道的人。另一方面，获得一个新的核心精神实际上却是不可能的。

他们为了创造愿意付出任何代价，而且认为所有新想法在潜力上没有区别。"打破条框的思维"，其驱动力常常掩饰着来自上层组织的潜在议程表。做点事情——任何事情，利用闲置能力或者未充分利用的资产。不幸的是，这种方式的副作用或许很危险。金钱投入到坏主意和好主意的概率是相同的。最终产品常常会使顾客陷入一片迷茫，他们无法在这些产品中寻找到真正价值。这些充满疑问的产品挤占了宝贵的货架空间，而这些空间本来能够置放更有用处的商品。

他们的创新只限于新产品，忘记了创新是为了给顾客、消费者和商业客户创造新价值。当创新被认定为组织成长的机会时，相当大比例的公司都是手法简单的"一招鲜",它们只会把目光盯在推出新产品上,摒弃了其他所有事情。更糟糕的是,它们只重数量不重质量。这样狭隘的方式在许多方面都是弊大于利,包括可能损害已有品牌价值和顾客的期望。

他们在水平方向而不是垂直方向成长。努力通过创新推进企业的成长意味着在水平方向扩展资源,发展新品牌、新顾客和新方向。这是极为冒险而昂贵的发展道路。

他们试图通过吞并其他公司而不是有机发展实现创新。吞并另一个公司或者品牌是关键制胜式的创新之路,是摆脱困境时孤注一掷的最后一搏。要想关键制胜,有一个良机可以让他们从本来预想的方向上完全逆转过来。

2. 以革新代之

在价值公式三个要素中,最重要的就是核心精神。许多人将核心精神与广告诗、标志或者广告语混为一谈。事实上,真正的核心精神是你的品牌最有力、最具说服力的标志。例如,视窗(Windows)操作系统的核心精神就是"友好用户",佳洁士牙膏是"预防蛀牙",百事可乐是"变革、选择和改变"。

核心精神通过你的公司的一切事务得到传递和支持,它是公司进化所需要的种子。没有了它,你根本无法成长,因为你容易冲动行事、在各种想法之间跳跃,而且永远不会建立起能够承受长期没有确定发展方向的组织结构。

顾客的决定权

需要牢记的最重要的事情是,你所宣称的核心精神与现实毫不相干,只有消费者和顾客想到的才算数。事实上,你所设想的核心精神和消费者心目中的核心精神之间常常严重脱节。想要提升自己的核心精神,你只有一个选择——走上街头,询问人们从你的公司和品牌身上理解到的三件事情。

（1）情感利益——你的产品带给他们的感觉。

（2）功能利益——在顾客心目中，你的品牌超越竞争对手的因素。

（3）标志——能够影响功能利益和（或）情感利益的事情，即使这些事情本身并无利益可言。

这种调查会使你站在消费者的角度上认识自己的公司。一旦确定了自己的核心精神，你就能够利用这些信息对公司的各个方面进行革新，形成、评估及开发那些有机发展的机会。

你的公司是一家普通企业还是特许经营企业？

你的企业是否是特许经营企业，有赖于你的企业是否真的正在突破现有业务。一家企业能够成长，但是只限于确定范围。相反的，一家特许经营企业能够在有形的专业领域之外走得更远。成为特许经营企业可以使一家公司重新确定其竞争体系、拓宽市场，重新定义竞争基础、提升独有专长；成为特许经营企业可以给你带来许多非常有利的优势。这些都是你的竞争对手所没有的。成为特许经营企业绝不仅仅是一个决定之后就能突然转向的问题，你必须至少做到下面中的一点。

（1）态度。如果你想伟大，你必须想要做到伟大。经营企业时你要装作已经知道自己的伟大。

（2）价值。提升你对价值的投入，转移到你有能力提供价值的领域来。

（3）经验。如果是一个对你和消费者都有益的机会，不要害怕将经验拓展到你所理解的界限之外。

（4）专长。提升你在现有领域的专长，借以开发新途径。（请参阅"耐克公司提升自身专长"。）

通过 TACOS 公式由普通企业转变为特许经营企业

普通企业通过不断革新可以成为特许经营企业。只有通过革新你才会了解到关于顾客、公司、市场和竞争对手的信息。这种信息是成长和扩展所需要的。你能够评估出你的企业利用 TACOS 公式成为特许经营企业的前景。

商标（Trademark）＋领域（Area）＋顾客贡献（Customer Offer）＝

成功 (Success)

商标是你的核心精神的一种展示——你独有的销售理念，或者你贡献的别人没有的东西。

领域是你放置商标的地方。它是决定商标是否贴切的主要因素之一。

顾客贡献是指你的产品或者服务。你能够为顾客所提供的东西将会是你的商标的一项功能，也是商标的依附位置。

成功是所有ＴＡＣＯ的要素完美结合在一起的最终结果。你的商标必须恰当地放置在一个领域，在这个领域商标不会覆没或者丢失，而且你必须利用在其他领域的专长为顾客做出相应贡献。

关键组成部分

真正有效的企业革新需要彻底检查企业中的下列关键组成部分。

（1）你的思维方式。

（2）你的目标。

（3）你的竞争体系。

（4）你对顾客的分割，或者你如何考虑顾客。

（5）你的客户商标体验。

3. 革新你的思想

革新首先要革新你的思维模式以及你对众多商业与营销概念的思考方式。革新思想包括以下几个步骤。

（1）训练自己站在挑战者（或者"侵略者"）而不是冠军（或者领导者）的角度上思考问题。

（2）在你开始计算营销所耗费每一美元的效益之前，也要致力于革新。

（3）从现在开始抛弃降价的思想。

"侵略者"对比领导者

领导者是市场的大鳄——谨慎、笨重、乐于反扑，在自己的桂冠上休息，绝不会更改商业或者自身方式的任何相关事情。"侵略者"是商界新手，或者在另一个领域已经取得成功，现在正试图侵入新的市场。

他动作迅速、头脑聪明、嗷嗷待哺，没有什么害怕损失的资本。

已有市场的大鳄们不能自鸣得意。存活的唯一途径就是不断革新，保持企业核心精神的真实存在，在现有资产的基础上不断改进并加强相关工作。

当领导者被迫追随之时

领导者和侵略者之间的区别可以通过以下例证加以说明。

(1) 可口可乐公司没有引入食品和不含咖啡因的软饮料。

(2) 美国邮政管理局没有引进隔日送达业务。

(3) Rand McNally 公司没有引入在线地图。

(4) 美国电报电话公司没有引入手机业务。

这些创新都不是行业领袖创造发展的，但是每一项创新都对本行业带来了永久性变化。如果上述领袖企业发明创造这些产品，他们就会进行革新——拓展已有品牌。但是，情况并非如此，因为这些公司都在车轮上打着瞌睡。

让营销更具效率

顾客的忠诚度是世界上最容易腐烂的东西。每次交易都有关键时刻。这一刻选择落到了你的品牌或者竞争者头上，顾客必须决定你是否有令人信服的理由吸引他们购买。如果有的话，你的买卖就成了；如果没有，你就只能看着顾客的背影，因为他（或她）从你这里走开了。

提醒人们你之所以伟大的原因，这一点总是很重要。但是，几乎每家公司都会发现自己的处境只有两种。

(1) 处在侵略者的进攻之下，保持良好状况正变得愈发困难。在这种情况下，你必须重新定位相对于竞争者的位置。你不仅要有所不同，还要创造自己的优势。你必须明白你的核心精神是什么？你的顾客是哪些人？或者顾客为何购买你的产品？顾客为何不购买你的产品而投向了某个竞争者的怀抱？

(2) 你是个停滞不前的落选者。在这种情况下，你必须为顾客贡献价值而不只是一件产品或者服务，从而更经常地为现有顾客提供购买理由。

测量数值

营销目的是推动销售，而你在营销上花费的每 1 美元都应该产生可以衡量的结果。在营销活动之前，你必须制订一个计划衡量其结果。换句话说，你必须创造可控制的市场，预先建立测量标准。问问自己下面三个问题。

我们的营销成本是多少？

我们的成本到底耗费在什么地方？

我们的投资回报是什么？

如果你知道所有的答案，你就会最终更经常、更有效率地把更多产品卖给更多的人。你的全部目标必定是通过营销投资回报最大化，确切地掌握你在每一项具体营销活动中的开支情况。然后，当管理开支的时候，你就能够确定每一项活动所产生的回报了。一旦获得了这个信息，你就能够将精力集中于具有最大回报率的某项活动或者活动的结合，而不是将金钱浪费在毫无效果的事情上。

效率低下营销的陷阱

大多数公司很少这样集中精力，而是掉进了下列的陷阱之一。

（1）他们不记录自己的活动，也不计算投资数额。

（2）他们很少使用统一的衡量标准将活动、投资和交易联系起来。

（3）他们很少系统地计算任何具体活动的回报数额。

（4）他们忽视了采取客观标准的方法将营销投资与品牌目标联系起来。

他们应该做的是以下几点。

（1）改变思维方式。

（2）分解总体市场预算，明确地确定每一项营销项目的数额。

（3）计算每一项单独营销项目所促成的交易数额。

（4）确定这些项目的净收益率,最终为各个项目的效率制定出清晰图表。

（5）将精力集中于那些具有最高回报率的项目上。

（6）摒弃那些赔钱或者收益率低的项目。

> **耐克公司提升自身专长**
>
> 　　耐克公司利用在运动鞋方面的专长，进入了新的市场，吸引了新的顾客。它从相对较窄的领域着手——为赛跑者制造跑鞋——拓展到提供运动类产品，比如水壶、运动短裤和其他装备。在此之后，它又进入了更加宽广的领域——全面性能的产品。最终，它依靠敢于进入任何重视成就的领域的这种精神——只管去做（Just Do It），从而提升了自己的层次标准。

拒绝大幅降价

　　你所做的一切事情都会将品牌中的某些内容和你的顾客及潜在顾客联系起来。甚至你的价格也会联系到你的企业，成为营销战略的一个重要组成部分。然而，大部分公司根本没有考虑自己的价格问题，价格似乎都倾向于一条道路——下降。他们渴望并且再三考虑降低价格，哪怕是暂时降价。暂时降价往往就会造成永久降价。你的竞争对手会看到你的较低价格，他们也会降价。一旦如此，你就不得不再次降价以保持优势。这种螺旋式的下降最终会导致效益的下滑。

4. 革新你的商业目标

　　深呼吸并且诚实地想一想你现在的境况以及一切你正在面对的情况——好的和坏的方面。对自己要诚实——不要试图说服自己，你的企业正在朝着一个方向前进，而实际上它正在走向相反方向。你还要认清自己所面对的障碍。一旦解决了上述问题，你就能够确定如何到达目的地。

目标宣言

　　第一步就是提出一个目标宣言。这个宣言清楚地表明你的企业最终希望到达的目的地。你需要清楚地表明，你希望顾客在与你的公司和品牌之间的关系上如何思考、感觉和行动。这个宣言还必须表达你希望在市场中实现怎样的成果——对比现在所处的地位，你希望达到的市场地位。

最佳的目标宣言要阐明下列问题。

（1）我们如何定义自己的企业？从长远来看，我们希望成为何种企业？

（2）谁是我们的目标顾客？我们应当向谁出售——直接或间接、现在及未来？

（3）我们希望顾客想到什么？顾客将我们的品牌总结为何种品质和利益？

（4）我们希望顾客感觉到什么？我们传递了何种无形的更高层次利益和品质？

（5）我们希望顾客如何行动？作为顾客感受和思考的结果，我们希望他们做什么？

（6）我们希望得到何种结果？我们的公司如何从所有这些事情中长期获益？

"空间化"你的目标

你的目标（以及阐述它的宣言）必须具体详尽,足以让你做出决定,绘制清晰的图表——为直接或者间接面对的每一个最终顾客——你是谁,你的信念是什么,你要去哪里,什么是你的前进动力。你还必须清楚地安排——从消费者的角度——他们和你如何相互影响,他们如何看待你,他们对你的感受如何,你在他们的生活中扮演了什么角色。

顾客得到怎样的产品内涵

制订清晰的目标能够指向更加有效的商业目的，引导营销战略的发展，使你最终在市场中取得成功。制订并且宣布清晰目标，其真实目的就是:拥有清晰目标可以确定你的价值主张，理清如何改进的问题。

你的价值主张是推动品牌和企业实现目标的催化剂。所有事情都是指你的品牌对目标顾客的意义是什么，反过来，顾客又如何对这种意义产生反作用。什么让你的品牌拥有了意义，这就是需要你向顾客回答的最重要问题——"产品的哪个方面是为我服务的?"你的回答就是你的价值主张。

你的价值主张能够影响到顾客对你的公司和品牌在三个层次上的感知，即先前所提到的情感利益、功能利益和标志。换句话说，你的价值主张必须拥有将消费者推向价值链条的力量。